हिन्दी की बेहतरीन ग़ज़लें

(ग़ज़ल-संग्रह)

हिन्दी की बेहतरीन ग़ज़लें

प्रधान सम्पादक

रवीन्द्र कालिया

सम्पादक

ज्ञानप्रकाश विवेक

भारतीय ज्ञानपीठ

दूसरा संस्करण : 2021
तीसरा संस्करण : 2022

भारतीय ज्ञानपीठ
लोकोदय ग्रन्थमाला : ग्रन्थांक 1222

प्रकाशक
वाणी प्रकाशन ग्रुप
4695, 21-ए, दरियागंज, नयी दिल्ली-110 002
फ़ोन : 011-23273167, 23275710
ईमेल : sales@vaniprakashan.in

ISBN : 978-93-5518-377-4

हिन्दी की बेहरतीन ग़ज़लें
(ग़ज़ल)
प्रधान सम्पादक : रवीन्द्र कालिया

HINDI KI BEHTAREEN GHAZALEN
(Ghazal)
Edited by Ravindra Kalia

मुद्रक : आर. टेक ऑफ़सेट प्रिंटर्स, दिल्ली-110 032

आवरण : राधेश्याम अग्रवाल

Third Edition : 2022

Price : INR. 165

नये समय की ग़ज़लें

उर्दू से हिन्दी में ग़ज़ल का अवतरण एक साहित्यिक और तपाक से भरी घटना है। इस साहित्यिक घटना को ख़ैरमक़दम के नज़रिये से देखा जाना चाहिए था। विडम्बना यह रही कि नज़रिया उपेक्षापूर्ण रहा। किसी भी बड़े आलोचक ने हिन्दी में लिखी जा रही ग़ज़लों पर कोई सेहतमन्द तबसरा किया हो या फिर हिन्दी ग़ज़ल के प्रति कोई अपना सरोकार ज़ाहिर किया हो, ऐसा नहीं जान पड़ता।

बहराल, उर्दू से हिन्दी में ग़ज़ल का अवतरण हुआ तो हिन्दी में वो तमाम उपकरण भी जस के तस ले लिए गये। यथा—बहर, क़ाफ़िया, रदीफ़ और भाषा!... हम भारतेन्दु हरिशचन्द्र 'रसा' और शमशेर की ग़ज़लों का अध्ययन करें तो उर्दू ज़बान (और फ़ारसियत) का असर साफ़-साफ़ दिखाई देता है। दुष्यन्त की ग़ज़लों में भी उर्दू भाषा का प्रभाव है। लेकिन बिल्कुल यहीं हमें यह बात भी महसूस करनी चाहिए कि एक नयी भाषा की रचना (या पुनर्रचना) भी हो रही है—वो है—हिन्दुस्तानी ज़बान।

हिन्दी में हमसब जो ग़ज़लें लिख रहे हैं वह देवनागरी लिपि में लिखी जानेवाली 'हिन्दुस्तानी ग़ज़लें' हैं। यही हमारी हिन्दी भाषा भी है और यही हिन्दी ग़ज़ल की भाषा भी। शुद्ध हिन्दी या अति हिन्दी, ग़ज़ल के मिज़ाज और ग़ज़लियत को भंग कर देती है। शुद्ध हिन्दी में जब उपन्यास और कहानियाँ नहीं लिखी जा रहीं तो ग़ज़लें क्यों लिखी जाएँ—यह प्रश्न अहम है।

हमारे पास सारे उपकरण उर्दू ग़ज़ल के हैं। यानी, हिन्दी ग़ज़ल को थाली में परोसा हुआ मुहावरा, शास्त्रीयत खायत, जदीदियत मिल गयी। यही सबसे बड़ी चुनौती भी है। उर्दू ज़बान की जदीद से जदीतर ग़ज़लों के बरक्स हम हिन्दी में कैसे ग़ज़लें लिखें कि वो मिज़ाज से सम्पन्न हों, उसमें ग़ज़लिय हो और वो उर्दू ग़ज़ल के प्रभाव से मुक्त भी हों। अनुभूति और अभिव्यक्ति (अन्दाज़े-बयाँ) ये दो तत्त्व, गुण ज़्यादा प्रतीत होते हैं। इनके अतिरिक्त, अनुभवों की पुनर्रचना और चिन्तन पक्ष की भी हम अनदेखी नहीं कर सकते। हिन्दी ग़ज़ल में जो सपाटबयानी और स्थूलता का समावेश हुआ है, उसके पीछे बड़ा कारण चिन्तनहीनता और अनुभवों को जल्दबाज़ी में व्यक्त करने का है। हमारे पास प्रत्येक शेर में दो मिसरे (बहर के अनुशासन में बँधे हुए) होते हैं और उन मिसरों में हमें अपना विचार न सिर्फ़ व्यक्त करना होता है बल्कि उसे इतनी सलाहियत और गहरी संवेदना और आन्तरिक लय

के साथ प्रस्तुत करना होता है कि शब्दों की यात्रा ज्यों-ज्यों अर्थ तक पहुँचे, गूँज-सी पैदा होती चली जाएँ।

अन्य विधाओं में 'क्या लिखा' यह महत्त्वपूर्ण होता है। लेकिन ग़ज़ल में यह तत्त्व महत्त्वपूर्ण हो जाता है कि शेर को 'कैसे' व्यक्त किया। शेर कैसा है इसके पस:मंज़र यह बात निहित होती है कि वो कैसे लिखा गया। ग़ज़ल विधा में 'अन्दाज़े-बयाँ' (या कहन) बहुत बड़ी ताक़त और हैसियत रखता है। हिन्दी में ग़ज़ल लिखना इसलिए भी चुनौतीपूर्ण है कि हम अपने समय को अश्आर की दृष्टि से कितना (और कितनी दूर तक) देख पा रहे हैं और उसे किस शऊर से व्यक्त कर रहे हैं? यह लाज़िमी है शेर जो सुनाया जाए, वो दिखाई भी दे। यानी दुख अगर कथ्य है तो दुख के होने को पाठक ग़ज़ल के भीतर न सिर्फ़ तीव्रता से अनुभव करें, बल्कि दुख अपनी अदृश्यता के बावजूद, चहलक़दमी करता दिखाई दे।

ग़ज़ल बाह्य रूप में आसान विधा प्रतीत होती है। लेकिन हक़ीकत यह है कि ग़ज़ल एक बेहद पेचीदा सिन्फ़ (विधा) है। दो पंक्तियों (मिसरों) में कुछ कह भर देना, शेर का हो जाना नहीं होता। विचार को शेर की स्पन्दित करती अभिव्यक्ति के लिए नुकीली एकाग्रता और ग़ज़लियत के शऊर का होना लाज़िमी होता है।

ग़ज़ल का शिल्प और शैली दो मुख़्तलिफ़ बातें हैं। हम शैली को बदल सकते हैं, शिल्प को नहीं। जितने भी नये प्रयोग हो रहे हैं—मुहावरे, भाषा, शब्दावली और कथ्य तथा विचार—वो सब शैली के ही प्रयोग हैं। ग़ज़ल का शिल्प तो वही है। जो पिछले चार सौ सालों से या कुछ ज़्यादा सालों से शिल्पगत बदलाव नहीं हुआ। ग़ज़ल का फ़ार्म, ग़ज़ल का शिल्प है। वही सौन्दर्य है। वही ग़ज़ल की रीढ़ और वही विधान और वही अनुशासन।... इसलिए इस जटिल विधा में लिखना जितना अधिक चुनौतीपूर्ण होता है, उतना अधिक सन्तोष और सुख एक सशक्त ग़ज़ल के हो जाने से भी प्राप्त होता है।... बेशक, ग़ज़ल से हम नज़्म या कविता जैसा बड़ा कहन नहीं ले सकते। लेकिन दो मिसरों में (या एक-एक शेर में) किसी नज़्म या किसी कविता का माहौल तो पैदा कर ही सकते हैं। बेशक, शेर के भीतर छोटी-सी कविता अपने स्पन्दन (और कुछ रूमान) के साथ मौजूद होता है। प्रेषणीयता या जन्म भी यहीं से होता है।

इस संकलन की ग़ज़लें, नये समय और नये समाज की ऐसी ग़ज़लें हैं जिनमें नये मनुष्य के द्वन्द्व, सरोकार, कशमकश, सम्बन्धों के बेचैन करते मंज़र महसूस होते हैं। फ़िराक़ गोरखपुरी ने कहा है—'तमद्दुन के क़दीम अक़दार बदले, आदमी बदला।' यानी युग बदला है सोच बदली है, और मनुष्य भी बदला है। ये ग़ज़लें उस बदलते हुए समय के अनुभवों की गूँज पैदा करती हैं।

—ज्ञानप्रकाश विवेक

अनुक्रम

अमीर ख़ुसरो

(1253–1325)

जब यार देखा नैन भर, दिल की गयी चिन्ता उतर
ऐसा नहीं कोई अजब राखे उसे समझाय कर

जब आँख से ओझल भया, तड़पन लगा मेरा जिया
हक़्क़ा इलाही क्या किया, आँसू चले भर लाय कर

तू तो हमारा यार है, तुझ पर हमारा प्यार है
तुझ दोस्ती बिसियार है, एक शब मिलो तुम आय कर

जाना तलब तेरी करूँ, दीगर तलब किसकी करूँ
तेरी जो चिन्ता दिल धरूँ, एक दिन मिलो तुम आय कर

मेरो जो मन तुमने लिया, तुमने उठा ग़म को दिया
तुमने मुझे ऐसा किया, जैसा पतंगा आग पर

ख़ुसरो कहै बातें ग़ज़ब, दिल में न लावे कुछ अजब
कुदरत ख़ुदा की है अजब, जब जिव दिया गुल लाय कर

कबीर

हमन है इश्क़ मस्ताना हमन को होशियारी क्या?
रहें आज़ाद या जग से हमन दुनिया से यारी क्या?

जो बिछुड़े हैं पियारे से भटकते दर-ब-दर फिरते,
हमारा यार है हम में हमन को इन्तज़ारी क्या?

ख़लक़ सब नाम अपने को बहुत कर सिर पटकता है,
हमन गुरनाम साँचा है हमन दुनिया से यारी क्या?

न पल बिछुड़े पिया हमसे न हम बिछड़े पियारे से,
उन्हीं से नेह लागी है हमन को बेक़रारी क्या?

कबीरा इश्क़ का माता, दुई को दूर कर दिल से,
जो चलना राह नाजुक है हमन सिर बोझ भारी क्या?

भारतेन्दु हरिश्चन्द्र

गले मुझको लगा लो ऐ दिलदार होली में
बुझे दिल की लगी भी तो ऐ यार होली में

नहीं यह है गुलाले-सुर्ख़ उड़ता हर जगह-प्यारे
ये आशिक़ की हैं उमड़ी आहें आतिशबार होली में

गुलाबी गाल पर कुछ रंग मुझको भी जमाने दो
मनाने दो मुझे भी जाने-मन त्योहार होली में

है रंगत जाफ़रानी रुख़अबीरी कुमकुम कुच है
बने हो ख़ुद ही होली तुम ऐ दिलदार होली में

'रसा' गर जामे-मय ग़ैरों को देते हो तो मुझको भी
नशीली आँख दिखलाकर करो सरशार होली में

बद्रीनारायण उपाध्याय 'प्रेमघन'

तेरे इश्क़ में हमने दिल को जलाया
क़सम सर की तेरे, मज़ा कुछ न आया

नज़र ख़ार की शक़्ल आते हैं सब गुल
इन आँखों में जब से तू आकर समाया

असर हो न क्यों दिल में दिल से जो चाहे
मसल सच है, जो उसको ढूँढ़ा वो पाया

चमन में है बरसात की आमद-आमद
अहा आसमाँ पर सियह अब्र छाया

मचाया है मोरों ने क्या शोरे-मैहशर
पपीहों ने क्या पुर-गजब रट लगाया

तुझे शैख़ जिसने बनाया है मोमिन
हमें भी है हिन्दू उसी ने बनाया

परीशाँ हो क्यों अब्रे-बेख़ुद भला तुम
कहो किस सितमगर से है दिल लगाया

प्रताप नारायण मिश्र

बसो मूखते देवि! आर्यों के जी में
तुम्हारे लिए हैं मकाँ कैसे-कैसे

अनुदयोग, आलस्य, सन्तोष सेवा
हमारे हैं अब मेहरबाँ कैसे-कैसे

अभी देखिए क्या दशा देश की हो
बदलता है रंग आसमाँ कैसे-कैसे

प्रताप अब तो होटल में निर्लज्जता के
मज़े लूटती है ज़िनाँ कैसे-कैसे

स्वामी रामतीर्थ

जिन प्रेम रस चाख्या नहीं, अमृत पिया तो क्या हुआ
जिन इश्क़ में रस न दिया, जुग जुग जिया तो क्या हुआ

मशहूर हुआ जो पन्थ में, साबित न की आपको
आलिम व फ़ाज़िल होय के दाना हुआ तो क्या हुआ

जब प्रेम को दरयाब में गरकाब यह होता नहीं
गंगा-जमुन गोदावरी न्हाला फिरा तो क्या हुआ

प्रीतम से किंचित् प्रेम नहिं, प्रियतम पुकारत दिन गया
मतलब हासिल न हुआ रो-रो मुवा तो क्या हुआ

लाला भगवानदीन

तुमने पैरों में लगाई मेंहदी
मेरी आँखों में समाई मेंहदी

है हरी ऊपर मगर अन्तस है लाल
है ये जादू की जगाई मेंहदी

कल से छूटी कूट कर पीसी गयी
तब मेरे पद छूने पाई मेंहदी

पैर पड़-पड़ कर पकड़ लेती है कर
छल में बावन से सवाई मेंहदी

चुनरी से है सवाई मेंहदी
दीन को इस हेतु भाई मेंहदी

मैथिलीशरण गुप्त

इस देश को हे दीन बन्धो। आप फिर अपनाइये
भगवान भारतवर्ष को फिर पुण्यभूमि बनाइये

जड़ तुल्य जीवन आज इसका विघ्न-बाधा पूर्ण है
हे रम्ब! अब अवलम्ब देकर विघ्नहर कहलाइये

यह सृष्टि गौरव-गज ग्रसित है ग्रहदशा के ग्राह से
हे भक्त वत्सल। शुभ सुदर्शन चक्र आप चलाइये

सम्पूर्ण गुण-गौरव रहित हम पतित अवनत हो चुके
अब छोड़ निर्गुणता विभो, सत्वर सगुण बन जाइये

गोपाल अब वह चैन की बंशी बजेगी कब यहाँ
आलस्य से अविभूत हमको कर्मयोग सिखाइये

वह पूर्व की सम्पन्नता यह वर्तमान विपन्नता
अब तो प्रसन्न भविष्य की आशा यहाँ उपजाइये

यह आर्य भूमि सचेत हो फिर कार्यभूमि बने अहा
वह प्रीति-नीति बढ़े परसपर नीति भाव भगाइये

जिसके शरण होकर रहे? अब तुम बिना गति कौन है
हे देव! वह अपनी दया फिर एक बार दिखाइये

जयशंकर प्रसाद

सरासर भूल करते हैं उन्हें जो प्यार करते हैं
बुराई कर रहे हैं और अस्वीकार करते हैं

उन्हें अवकाश ही इतना कहाँ है मुझसे मिलने का
किसी से पूछ लेते हैं यही उपकार करते हैं

जो ऊँचे चढ़ के चलते हैं वो नीचे देखते हरदम
प्रफुल्लित वृक्ष की यह भूमि कुसुमागार करते हैं

न इतना फूलिए तरुवर सुफल कोरी कली लेकर
बिना मकरन्द के मधुकर नहीं गुंजार करते हैं

'प्रसाद' उनको न भूलो तुम तुम्हारा जो कि प्रेमी हो
न सज्जन छोड़ते उसको जिसे स्वीकार करते हैं

सूर्यकान्त त्रिपाठी 'निराला'

भेद कुल खुल जाए वह सूरत हमारे दिल में है
देश को मिल जाए जो पूँजी तुम्हारी मिल में है

हार होंगे हृदय के खुलकर तभी गाने नये
हाथ में आ जाएगा, वह राज सो महफ़िल में है

तर्स है ये देर से आँखें गड़ी शृंगार में
और दिखलाई पड़ेगी जो गुराई तिल में है

पेड़ टूटेंगे, हिलेंगे, ज़ोर की आँधी चली
हाथ मत डालो, हटाओ पैर, बिच्छू बिल में है

ताक पर है नमक मिर्चा लोग बिगड़ें या बनें
सीख क्या होगी पराई जब पसाई सिल में है

2

किनारा वह हमसे किये जा रहे हैं
दिखाने को दर्शन दिये जा रहे हैं

जुड़े थे सुहागिन के मोती के दाने
वही सूत तोड़ लिये जा रहे हैं

छिपी चोट की बात पूछी तो बोले
निराशा के डोरे सिये जा रहे हैं

ज़माने की रफ़्तार में कैसा तूफ़ाँ
मरे जा रहे हैं जिये जा रहे हैं

खुला भेद, विजयी कहाये हुए जो
लहू दूसरे का पिये जा रहे हैं

त्रिलोचन

अँधेरी रात है, मैं हूँ अकेला दीप जलता है
हवा जग-जग के सोती है, पथिक अब कौन चलता है!

धरा का कौन आकर्षण तिमिर में खींच लाया है
क्षितिज से व्योम में कोई तरल तारा निकलता है

तुम्हारी बात सोची, और अपनी बात भी सोची
इन्हीं दो बिन्दुओं के बीच जीवन की विकलता है

न कुछ भी धूलि धक्कड़ हो तो पथ कैसे चला जाए
कहा है— चिकने पत्थर पर क़दम जाकर फिसलता है

कहूँ क्या बात आँखों की इन्हें परदा नहीं आता
कहीं कुछ वेदना देखी कि आँसू बह निकलता है

'त्रिलोचन' भाव आते हैं तो फिर रोके नहीं रुकते
कभी झरने को देखा है जो अपनी ढाल ढलता है

2

यह दिल क्या है देखा दिखाया हुआ है
मगर दर्द कितना समाया हुआ है

मेरा दुख सुना चुप रहे फिर वो बोले
कि यह राग पहले का गाया हुआ है

झलक भर दिखा जाएँ बस उनसे कह दो
कोई एक दर्शन को आया हुआ है

न पूछो यहाँ ताप की क्या कमी है
सभी का हृदय उसमें ताया हुआ है

यही दर्द था जिसने तुमसे मिलाया
ये यों ही नहीं जी को भाया हुआ है

गढ़ा मौत का है नहीं भरने वाला
यहाँ अनगिनत का सफ़ाया हुआ है

'त्रिलोचन' सुनाओ हमें गान अपने
जहाँ दर्द जी का समाया हुआ है

शमशेर बहादुर सिंह

चुपके से कोई कहता है शाइर नहीं हूँ मैं
क्यों अस्ल में हूँ जो वो बज़ाहिर नहीं हूँ मैं

भटका हुआ-सा फिरता है दिल किस ख़्याल में
क्या जादए-वफ़ा का मुसाफ़िर नहीं हूँ मैं?

क्या वसवसा है, पा के भी तुमको यक़ीं नहीं
मैं हूँ जहाँ वहीं भी तो आख़िर नहीं हूँ मैं

सौ बार उम्र पाऊँ तो सौ बार जान दूँ
सदक़े हूँ अपनी मौत पे काफ़िर नहीं हूँ मैं

2

अपने दिल का हाल यारो, हम किसी से क्या कहें
कोई भी ऐसा नहीं मिलता जिसे अपना कहें

हो चुकी जब ख़त्म अपनी ज़िन्दगी की दास्ताँ
उनकी फ़रमाइश हुई है, फिर इसको दोबारा कहें

आज इक् ख़ामोश मातम-सा हमारे दिल में है
ख़्वाब के-से दिन हैं, वर्ना हम इसे जीना कहें

यास! दिल को बाँध, सर पर जल्द साया कर, जुनूँ
दम नहीं इतना जो तुमसे साँस का धोका कहें

देखकर अख़ीर वक़्त उनकी मुहब्बत की नज़र
हमको याद आया वो कुछ कहना जिसे शिकवा कहें

उसकी पुरहसरत निगाहें देख कर रह्म आ गया
वर्ना जी में था कि हम भी हँस के दीवाना कहें।

क़ाफ़िले वालो, कहाँ जाते हो सहरा की तरफ़,
आओ बैठो तुमसे हम मजनूँ का अफ़साना कहें

मुश्कबू-ए-ज़ुल्फ़ उसकी, घेर ले जिस जा हमें
दिल ये कहता है, उसी को अपना काशाना कहें

दुष्यन्त कुमार

दरख़्तों के साये में धूप

कहाँ तो तय था चिराग़ाँ हर एक घर के लिए
कहाँ चिराग़ मयस्सर नहीं शहर के लिए

यहाँ दरख़्तों के साये में धूप लगती है
चलो, यहाँ से चलें और उम्र भर के लिए

न हो कमीज़ तो पाँवों से पेट ढँक लेंगे
ये लोग कितने मुनासिब हैं इस सफ़र के लिए

ख़ुदा नहीं, न सही, आदमी का ख़्वाब सही
कोई हसीन नज़ारा तो है नज़र के लिए

वे मुतमइन हैं कि पत्थर पिघल नहीं सकता
मैं बेक़रार हूँ आवाज़ में असर के लिए

तेरा निज़ाम है सिल दे जुबान शायर की
ये एहतियात ज़रूरी है इस बहर के लिए

जिएँ तो अपने बगीचे में गुलमोहर के तले
मरें तो ग़ैर की गलियों में गुलमोहर के लिए

पीर पर्वत-सी

हो गयी है पीर पर्वत-सी पिघलनी चाहिए
इस हिमालय से कोई गंगा निकलनी चाहिए

आज यह दीवार, परदों की तरह हिलने लगी
शर्त लेकिन थी कि ये बुनियाद हिलनी चाहिए

हर सड़क पर, हर गली में, हर नगर, हर गाँव में
हाथ लहराते हुए हर लाश चलनी चाहिए

सिर्फ़ हंगामा खड़ा करना मेरा मक़सद नहीं
मेरी कोशिश है कि ये सूरत बदलनी चाहिए

मेरे सीने में नहीं तो तेरे सीने में सही
हो कहीं भी आग, लेकिन आग जलनी चाहिए

बाढ़ की सम्भावनाएँ

बाढ़ की सम्भावनाएँ सामने हैं
और नदियों के किनारे घर बने हैं

चीड़-वन में आँधियों की बात मत कर
इन दरख़्तों के बहुत नाज़ुक तने हैं

इस तरह टूटे हुए चेहरे नहीं हैं
जिस तरह टूटे हुए ये आईने हैं

आपके क़ालीन देखेंगे किसी दिन
इस समय तो पाँव कीचड़ में सने हैं

जिस तरह चाहो बजा लो इस सभा में
हम नहीं हैं आदमी, हम झुनझुने हैं

अब तड़पती-सी ग़ज़ल कोई सुनाये
हमसफ़र ऊँचे हुए हैं अनमने हैं।

वो सब के सब परीशाँ है

ये सारा जिस्म झुककर बोझ से दुहरा हुआ होगा
मैं सजदे में नहीं था, आपको धोखा हुआ होगा

यहाँ तक आते-आते सूख जाती हैं कई नदियाँ
मुझे मालूम है पानी कहाँ ठहरा हुआ होगा

ग़ज़ब ये है कि अपनी मौत की आहट नहीं सुनते
वो सब-के-सब परीशाँ हैं वहाँ पर क्या हुआ होगा

तुम्हारे शहर में ये शोर सुन-सुनकर तो लगता है
कि इनसानों के जंगल में कोई हाँका हुआ होगा

कई फ़ाके बिताकर मर गया, जो उसके बारे में
वो सब कहते हैं अब, ऐसा नहीं, ऐसा हुआ होगा

यहाँ तो सिर्फ़ गूँगे और बहरे लोग बसते हैं
ख़ुदा जाने यहाँ पर किस तरह जलसा हुआ होगा

चलो, अब यादगारों की अँधेरी कोठरी खोलें
कम-अज-कम एक वो चेहरा तो पहचाना हुआ होगा

मिट्टी का भी घर होता है

रोज जब रात को बारह का गजर होता है
यातनाओं के अँधेरे में सफ़र होता है

कोई रहने की जगह है मेरे सपनों के लिए
वो घरौंदा सही, मिट्टी का भी घर होता है

सिर से सीने में कभी, पेट से पाँवों में कभी
एक जगह हो तो कहें दर्द इधर होता है

ऐसा लगता है कि उड़कर भी कहाँ पहुँचेंगे
हाथ में जब कोई टूटा हुआ पर होता है

सैर के वास्ते सड़कों पर निकल आते थे,
अब तो आकाश से पथराव का डर होता है

नज़रों में आ रहे हैं नज़ारे बहुत बुरे

हालाते जिस्म, सूरते जाँ, और भी ख़राब
चारों तरफ़ ख़राब, यहाँ और भी ख़राब

नज़रों में आ रहे हैं नज़ारे बहुत बुरे
होंठों में आ रही है जुबाँ और भी ख़राब

पाबन्द हो रही है रवायत से रौशनी
चिमनी में घुट रहा है धुआँ और भी ख़राब

मूरत सँवारने में बिगड़ती चली गयी
पहले से हो गया है जहाँ और भी ख़राब

रौशन हुए चिराग़ तो आँखें नहीं रहीं
अंधों को रोशनी का गुमाँ और भी ख़राब

आगे निकल गये हैं घिसटते हुए क़दम
राहों में रह गये हैं निशाँ और भी ख़राब

सोचा था उनके देश में महँगी है ज़िन्दगी
पर ज़िन्दगी का भाव वहाँ और भी ख़राब

बलबीर सिंह रंग

हमने तनहाई में ज़ंजीर से बातें की हैं
अपनी सोई हुई तक़दीर से बातें की हैं

तेरे दीदार की क्या ख़ाक तमन्ना होगी
ज़िन्दगी भर तेरी तसवीर से बातें की हैं

मौत के डर से मैं ख़ामोश रहूँ लानत है
जब कि जल्लाद की शमशीर से बातें की हैं

क़ैस की लैला या फ़रहाद की शीरीं कह लो
हम नहीं राँझा मगर हीर से बातें की हैं

'रंग' का रंग ज़माने ने बहुत देखा है
क्या कभी आपने 'बलबीर' से बातें की हैं?

3

ज़माना आ गया रुसवाइयों तक तुम नहीं आये
जवानी आ गई तनहाइयों तक तुम नहीं आये

धरा पर थम गई आँधी, गगन में काँपती बिजली
घटाएँ आ गयी अमराइयों तक तुम नहीं आये

नदी के हाथ निर्झर को मिली पाती समन्दर को
सतह भी आ गई गहराइयों तक तुम नहीं आये

किसी को देखते ही आपको आभास होता है
निगाहें आ गयीं परछाइयों तक तुम नहीं आये

समापन हो गया नभ में सितारों की सभाओं का
उदासी आ गई अंगड़ाइयों तक तुम नहीं आये

न शमादा हैं न परवाने ये क्या 'रंग' है महफ़िल
कि मातम आ गया शहनाइयों तक तुम नहीं आये

शलभ श्रीराम सिंह

मुश्किलें थम गईं, दर्द कम हो गया
अब ज़मानें का ग़म अपना ग़म हो गया

रास्ते ने मुसाफ़िर से क्या क्या कह दिया
इन्क़िलाबे सफ़र हर क़दम हो गया

जब कटे हाथ भी लेके परचम उड़े
तक सितमगर ने समझा सितम हो गया

जिस क़लम ने लिखा इन्क़िलाबन् अलिफ़
वह क़लम सर न था, सर क़लम हो गया

रोशनी अब अँधेरे की हमराज़ है
जो न होता था वह एकदम हो गया

ज़हन से ज़ीस्त तक सुर्ख़रू था मगर
ख़्वाब आँखों में उतरा तो नम हो गया

वक़्त तो आसमाँ को झुका देता है
सर तो सर ही है थोड़ा सा ख़म हो गया

मेरे बाद आने वालों से कहना 'शलभ'
एक बेगाना दुनिया में कम हो गया

2

ख़ूँ के हर इक सवाल का ज़िन्दा जवाब हूँ
ऐ शायिरे-शबाब तेरा इन्तिख़ाब हूँ

कहते हैं मुझको लोग नये दौर का ख़ुदा
कैसे कहूँ कि उनकी सदाक़त का ख़्वाब हूँ

दस्ते-दुआ हूँ मादरे-हिन्दोस्तान का
मेहनत की रोटियों में झलकता सवाब हूँ

गुज़रेगी इस मुक़ाम से जब आख़िरी सदी
पढ़ते मिलेंगे लोग जिसे वह किताब हूँ

क़ौमों के रहनुमाओं से जाकर कहो 'शलभ'
जिसको वो ढूँढ़ते हैं वही इंक़िलाब हूँ

रामावतार त्यागी

वही टूटा हुआ दर्पण बराबर याद आता है
उदासी और आँसू का स्वयंवर याद आता है

कभी जब जगमगाते दीप गंगा पर टहलते हैं
किसी सुकुमार सपने का मुक़द्दर याद आता है

महल से जब सवालों के सही उत्तर नहीं मिलते
मुझे वह गाँव का भीगा हुआ घर याद आता है

सुगन्धित ये चरण, मेरा महक से भर गया आँगन
अकेले में मगर रूठा महावर याद आता है

समन्दर के किनारे चाँदनी में बैठ जाता हूँ
उभरते शोर में डूबा हुआ स्वर याद आता है

झुका जो देवता के द्वार पर वह शीश पावन है
मुझे घायल मगर वह अनझुका सर याद आता है

कभी जब साफ़ नीयत आदमी की बात चलती है
वही 'त्यागी' बड़ा बदनाम अकसर याद आता है

2

पूरी हुई उम्मीद भी अब तो कहीं चलो
तुम हो चुके शहीद भी अब तो कहीं चलो

तुम क़र्ज़ इस समाज का बिककर चुका लिये
लो आ गयी रसीद भी अब तो कहीं चलो

तुमने किया था ख़ून तब अपने वजूद का
था एक चश्मदीद भी अब तो कहीं चलो

तुमको ख़ुदा के नाम पर लाये थे जो यहाँ
वह जा चुके मुरीद भी अब तो कहीं चलो

कल तक तुम्हारी आँख से जो देखते थे लोग
दुश्वार उनका दीद भी अब तो कहीं चलो

हरजीत सिंह

उसके लहजे में इत्मिनान भी था
और वो शख़्स बदगुमान भी था

फिर मुझे दोस्त कह रहा था वो
पिछली बातों का उसको ध्यान भी था

सब अचानक नहीं हुआ यारो
ऐसा होने का कुछ गुमान भी था

देख सकते थे छू न सकते थे
काँच का पर्दा दरमियान भी था

रात भर उसके साथ रहना था
रतजगा भी था इम्तिहान भी था

आईं चिड़ियाँ तो मैंने ये जाना
मेरे कमरे में आसमान भी था

2

घुटन के साथ तू जाएगा इन घरों में कहाँ
खुली फ़िज़ा में जो राहत है बस्तियों में कहाँ

उतर चुकी है जो काग़ज़ पे अपने रंगों में
छुपी हुई थी वो तसवीर उँगलियों में कहाँ

घने दरख़्त हैं इस राह से तू दिन में गुज़र
हुई जो रात तो भटकेगा जंगलों में कहाँ

सफ़ेद पेड़ बहुत जल्द हो गये ऊँचे
जो कल मिले थे वो मंज़र भी रास्तों में कहाँ

हरी ज़मीन पे तूने इमारतें बो दीं
मिलेगी ताज़ा हवा तुझको पत्थरों में कहाँ

ये रतजगे ये इबादत तो उनका पेशा है
भटक रहा है नगर उनके रतजगों में कहाँ

उसे निज़ाम ने अपना बना लिया यारो
अब उसका नाम अदालत के काग़ज़ों में कहाँ

3

ज़िन्दा चेहरे भी बदल जाते हैं तसवीरों में
पेड़ मरते हैं तो ढल जाते हैं शहतीरों में

उम्र ले जाती है चेहरे का चमकता पानी
जंग लग जाता है ठहरी हुई शमशीरों में

शाम जलसे में बहुत शोर था हंगामा था
एक चिड़िया की चहक खो गयी तक़रीरों में

तुम इनको बाँट के ख़ुद ख़त्म करोगे ख़ुद को
ज़ख़्म भी बँटते हैं बँटती हुई जागीरों में

मैं तो लोहा हूँ कहो आग पे रखने वालो
मुझको औज़ारों में ढालोगे कि ज़ंजीरों में

अदम गोंडवी

हिन्दू या मुस्लिम के अहसासात को मत छेड़िए
अपनी कुर्सी के लिए जज़्बात को मत छेड़िए

हममें कोई हूण, कोई शक, कोई मंगोल है
दफ़्न है जो बात, अब उस बात को मत छेड़िए

ग़ल्तियाँ बाबर की थीं, जुम्मन का घर फिर क्यों जले
ऐसे नाज़ुक वक़्त में, हालात को मत छेड़िए

हैं कहाँ हिटलर, हलाकू, ज़ार या चंगेज़ ख़ाँ
मिट गये सब क़ौम की औक़ात को मत छेड़िए

छेड़िए इक जंग मिलजुलकर ग़रीबी के ख़िलाफ़
दोस्त मेरे मज़हबी नग़मात को मत छेड़िए

2

काजू भुनी प्लेट में ह्विस्की गिलास में
उतरा है रामराज विधायक निवास में

पक्के समाजवादी हैं तस्कर हों या डकैत
इतना असर है खादी के उजले लिबास में

आज़ादी का वो जश्न मनायें तो किस तरह
जो आ गए फुटपाथ पर घर की तलाश में

पैसे से आप चाहें तो सरकार गिरा दें
संसद बदल गयी है यहाँ की नख़ास में

जनता के पास एक ही चारा है बग़ावत
यह बात कह रहा हूँ मैं होशोहवास में

3

उनका दावा, मुफ़लिसी का मोर्चा सर हो गया
पर हक़ीक़त ये है मौसम और बदतर हो गया

बन्द कल को क्या किया मुखिया के खेतो में बेगार
अगले दिन ही एक होरी और बेघर हो गया

जब हुई नीलाम कोठे पर किसी की आबरू
फिर अहिल्या का सरापा जिस्म पत्थर हो गया

रंग-रोग़न से पुता, पहलू में लेकिन दिल नहीं
आज का इंसान भी काग़ज़ का पैकर हो गया

म़ाफ़ करिये, सच कहूँ तो आज हिन्दुस्तान में
कोख ही ज़रख़ेज़ है अहसास बंजर हो गया

कुबेर दत्त

इस आदमी के फ़िक्र की हासिल कहाँ गयी
मंज़िल से पूछता है कि मंज़िल कहाँ गयी

पिंजरे में क़ैद मुनिया थी, मुनिया में पिंजरा
अब ग़ाइबाने-वक़्त-ए-साइल कहाँ गयी

हाँ मैं मजीद हूँ तो सही शहरियों के बीच
पर शह्र के अदब की मनाज़िल कहाँ गयी

मर्क़ूम ये बयान है और ख़ून में रँगा
पर मीर मुशाअर की मुफ़स्सिल कहाँ गयी

2

महलों से मुर्दघाट तक फैले हुए हैं आप
मख़मल से ले के टाट तक फैले हुए हैं आप

बिजनेस बड़ा है आपका तारीफ़ क्या करें
मन्दिर से ले के हाट तक फैले हुए हैं आप

ईमान तुल रहा है यहाँ कौड़ियों के मोल
भाषण से ले के बाट तक फैले हुए हैं आप

दरबारियों की भीड़ में जम्हूरियत का रक़्स
आमद से ले के घाट तक फैले हुए हैं आप

जनता का शोर ख़ूब है जनता कहीं नहीं
संसद से राजघाट तक फैले हुए हैं आप

विश्वनाथ

मैं तेरे आसपास रहता हूँ
फिर भी कितना उदास रहता हूँ

वो मरासिम नहीं हैं पहले से
अजनबी बन के साथ रहता हूँ

बेरुख़ी तेरी, बेवफ़ाई भी
इक इनायत समझ के सहता हूँ

ओढ़ रखी है लब पे मैंने हँसी
महवे-दिल महवेयास रहता हूँ

दिल की धड़कन को ग़ौर से सुनिए
दिल की धड़कन के पास रहता हूँ

लोग मुझको ही ग़लत कहते हैं
जब कभी ठीक बात कहता हूँ

मैं तो अपनी रविश पे चलता हूँ
मैं कहाँ रौ के साथ बहता हूँ

2

पाँव ज़ख़्मी हैं, चल रहा हूँ मैं
राह दुश्वार है, फिर भी

जुर्म साबित न हो सका मुझ पर
मैं गुनहगार हूँ, फिर भी

गोकि मुद्दत हुई है बिछड़े हुए
याद आती है बारहाँ, फिर भी

कुल जहाँ की मसर्रतें हैं नसीब
मेरा दिल सोग़वार है, फिर भी

वो नहीं आएँगे, यकीं है मुझे
दिल ही दिल इन्तज़ार है, फिर भी

उनका आना, मुराद बर आना
रूह क्यों बेक़रार है, फिर भी

आँधियाँ थम चुकी हैं अरसे से
हरसू गर्दो-गुबार है, फिर भी

3

हरएक चीज़ महँगी है, तंगदस्ती है
आदमी ही की जान सस्ती है

हर हसीं बुत को है ख़ुदा माना
मेरी पूजा है, बुतपरस्ती है

यूँ तो मैं इक हक़ीर ज़र्रा हूँ
फिर भी मेरी नुमायाँ हस्ती है

हर बशर भागा जा रहा है कहाँ
किससे पूछूँ, यह कैसी बस्ती है

बिन पिये ही नशा है आठों पहर
कैसी मय है, ये कैसी मस्ती है

आजकल मौज ही मौज है यारो
आजकल पूरी फ़ाकामस्ती है

गोपाल दास नीरज

एक जुग बाद शबे-ग़म की सहर देखी है
देखने की न थी उम्मीद मगर देखी है

जिसमें मज़हब के हर इक रोग का लिक्खा है इलाज
वो किताब हमने किसी रिन्द के घर देखी है

ख़ुदकुशी करती है आपस की सियासत कैसे
हमने ये फ़िल्म नयी ख़ूब इधर देखी है

दोस्तो! नाव को अब ख़ूब सँभाले रखियो
हमने नज़दीक ही इक ख़ास भँवर देखी है

उसको क्या ख़ाक शराबों में मज़ा आएगा
जिसने इक बार भी वो शोख़ नज़र देखी है

2

ख़ुशबू-सी आ रही है इधर ज़ाफ़रान की
खिड़की खुली है फिर कोई उनके मकान की

हारे हुए परिन्द ज़रा उड़के देख तो
आ जाएगी ज़मीन पे छत आसमान की

बुझ जाये सरेशाम ही जैसे कोई चिराग़
कुछ यूँ है शुरूआत मेरी दास्तान की

ज्यों लूट लें कहार ही दुलहिन की पालकी
हालत यही है आजकल हिन्दोस्तान की

'नीरज' से बढ़के और धनी कौन है यहाँ
उसके हृदय में पीर है सारे जहान की

3

हम तेरी चाह में ऐ यार! वहाँ तक पहुँचे
होश ये भी न जहाँ है कि कहाँ तक पहुँचे

इतना मालूम है ख़ामोश है सारी महफ़िल
पर न मालूम ये ख़ामोशी कहाँ तक पहुँचे

वो न ज्ञानी, न वो ध्यानी, न बिरहमन, न वो शेख़
वो कोई और थे जो तेरे मकाँ तक पहुँचे

एक इस आस पे अब तक है मेरी बन्द ज़ुबाँ
कल को शायद मेरी आवाज़ वहाँ तक पहुँचे

चाँद को छूके चले आए हैं विज्ञान के पंख
देखना ये है कि इंसान कहाँ तक पहुँचे

कुँअर 'बेचैन'

फूल को ख़ार बनाने पे तुली है दुनिया
सबको अँगार बनाने पे तुली है दुनिया

मैं महकती हुई मिट्टी हूँ किसी आँगन की
मुझको दीवार बनाने पे तुली है दुनिया

हमने लोहे को गलाकर जो खिलौने ढाले
उनको हथियार बनाने पे तुली है दुनिया

जिनपे लफ़्ज़ों की नुमाइश के सिवा कुछ भी नहीं
उनको फ़नकार बनाने पे तुली है दुनिया

नन्हें बच्चों से 'कुँअर' छीन के भोला बचपन
उनको हुशियार बनाने पे तुली है दुनिया

2

तेरी हर बात चलकर यूँ भी मेरे जी से आती है
कि जैसे याद की ख़ुशबू किसी हिचकी से आती है

बदन से माँ के आती है मुझे अक्सर वही ख़ुशबू
जो इक पूजा के दीपक में पिघलते घी से आती है

कहाँ से और आएगी मुहब्बत की वो सचाई
जो जूठे बेर वाली सरफिरी शबरी से आती है

हज़ारों ख़ुशबुएँ दुनिया में हैं पर उससे कमतर हैं
जो भूखे को किसी सिकती हुई रोटी से आती है

ये माना आदमी में फूल-जैसे रंग हैं, लेकिन
'कुँअर' तहज़ीब की ख़ुशबू मुहब्बत ही से आती है

3

आज जो ऊँचाई पर है क्या पता कल गिर पड़े
इतना कहके ऊँची शाखों से कई फल गिर पड़े

साँस की पायल पहनकर ज़िन्दगी निकली तो है,
क्या पता कब टूटकर यह उसकी पायल गिर पड़े

यह भी हो सकता है पत्थर फेंकने वालों के साथ,
उनका पत्थर ख़ुद उन्हें ही करके घायल गिर पड़े

सर पे इतना बोझ और पाँवों में इतनी ठोकरें,
अच्छा ख़ासा आदमी भी होके पागल गिर पड़े

चार पल को हम भी इस दुनिया की आँखों में 'कुँअर'
बन के आँसू आये थे और बन के बादल गिर पड़े

बालस्वरूप राही

किस मुहूरत में दिन निकलता है?
शाम तक सिर्फ़ हाथ मलता है

वक़्त की दिल्लगी के बारे में
सोचता हूँ तो दिल दहलता है

दोस्तों ने जिसे डुबोया हो
वो ज़रा देर से सँभलता है

हमने बौनों की जेब में देखी
नाम जिस चीज़ का सफलता है

तन बदलती थी आत्मा पहले
आजकल तन उसे बदलता है

एक धागे की बात रखने को
मोम का रोम रोम जलता है

काम चाहे ज़ेहन से चलता हो
नाम दीवानगी से चलता है

उस शहर में भी आग की है कमी
रात दिन जो धुआँ उगलता है

उसका कुछ तो इलाज करवाओ
उसके व्यवहार में सरलता है

सिर्फ़ दो चार सुख उठाने को
आदमी बारहाँ फिसलता है

याद आते हैं शेर 'राही' के
दर्द जब शायरी में ढलता है

2

इतना बुरा तो तेरा भी अंजाम नहीं है
सूरज जो सवेरे था वही शाम नहीं है

पहचान अगर बन न सकेगी तो क्या ग़म है
कितने ही सितारों का यहाँ नाम नहीं है

आकाश भी धरती की तरह घूम रहा है
दुनिया में किसी चीज़ को आराम नहीं है

पीने को मिले मय तो तक़ल्लुफ़ है कहाँ का
पी ओक से क़िस्मत में अगर जाम नहीं है

मत सोच कि क्या तूने दिया तुमको मिला क्या
शाइर है जमा-ख़र्च तेरा काम नहीं है

यह शुक्र मना इतना तो इंसाफ़ हुआ है
तुझ पर ही तेरे क़त्ल का इलज़ाम नहीं है

माना वो मेहरबान है सुनता है सभी की
मत भूल कि उसका भी करम आम नहीं है

उठने दे जो उठता है धुआँ दिल की गली से
बस्ती वो कहाँ है जहाँ कोहराम नहीं है

टपकेगा रुबाई से तेरा ख़ून या आँसू
'राही' है तेरा नाम तू ख़य्याम नहीं है

सूर्यभानु गुप्त

हर लम्हा ज़िन्दगी के पसीने से तंग हूँ
मैं किसी कमीज़ के कॉलर का रंग हूँ

मोहरा सियासतों का, मेरा नाम आदमी
मेरा वजूद क्या है, ख़लाओं की जंग हूँ

रिश्ते गुज़र रहे हैं लिए दिन में बत्तियाँ
मैं बीसवीं सदी की अँधेरी सुरंग हूँ

निकला हूँ एक नदी सा समन्दर को ढूँढ़ने
कुछ दूर कश्तियों के अभी संग संग हूँ

माँझा कोई यक़ीन के क़ाबिल नहीं रहा
तनहाइयों के पेड़ से अटकी पतंग हूँ

ये किसका दस्तख़त है, बताए कोई मुझे
मैं अपना नाम लिख के अँगूठे सा दंग हूँ।

2

टिका के पीठ वो बैठा है गावतकिए से
न पूछिए कि बँधी, कैसे नाव तकिए से

बुझे पलक में बला के अलाव तकिए से
जहाँ ने मारे हज़ारों पड़ाव तकिए से

मिला वो जिससे, वही ताज़ादम हुआ साहब
सही में मिलता है, उसका स्वभाव तकिए से

जो गाँठता था कभी जूतियाँ सुभानअल्ला
है अब उसी का नगर में प्रभाव तकिए से

उसूल, हुस्ने-नज़र, दिल, ज़मीर, ख़ुद्दारी
हुए हैं दूर, अनेकों अभाव तकिए से

बसे थे यार जहाँ पर लँगोटिया सारे
वहाँ भी हो के रहा मनमुटाव तकिए से

ज़मीं पे आओ, उठो, मुँह छुपा के मत रोओ
न भर सकेंगे मुहब्बत के घाव तकिए से

सोहन राही

कुछ दिनों से मेरा आईना मुझे अच्छा लगे
जब इसे देखूँ मेरा चेहरा तेरा चेहरा लगे

तेरे हर एक बोल में सिमटी है ऐसे रस कथा
तेरा झूठा क़ौल भी अब तो मुझे सच्चा लगे

तेरे नैनों के गगन का मैं कभी पंछी बनूँ
मुख तेरा चन्दा, कभी सूरज, कभी तारा लगे

ज़िन्दगी के शोर जंगल में दुखी की रागिनी
साथ हो जाए तेरा तो रसभरा नग़मा लगे

ऐसे काजल की लकीरों ने समेटा रैन को
अब अँधेरा भी मुझे अच्छा लगे, उजला लगे

बिन कहे और बिन सुने जो रूठ जाए तू कभी
साँस, तो चलती रहे जीना मगर झूठा लगे

प्यार की बाज़ी में 'राही' हार ही तो जीत है
ज़िन्दगी मेरी जो मिट्टी थी वो अब सोना लगे

2

समन्दर पार करके अब परिन्दे घर नहीं आते
अगर वापस भी आते हैं तो लेकर पर नहीं आते

मेरी आँखों की दोनों खिड़कियाँ ख़ामोश रहती हैं
कि अब इनसे सुख़न करने मेरे मंज़र नहीं आते

सुनहरी धूप की चादर वो पूरे चाँद की रातें
हम इनमें क़ैद रहते हैं कभी बाहर नहीं आते

मेरे आँगन की छतरी के कबूतर ख़ूब हैं लेकिन
चले जाते हैं वापस तो कभी मुड़ कर नहीं आते

तुम्हारे शहर के मौसम, हमारे शहर में 'राही'
सुनहरी धूप की लेकर कभी चादर नहीं आते

प्राण शर्मा

अपनी ही भूलों से हम क्यों खोएँ ये सौगातें जी
प्यार मुहब्ब्त यारी दोस्ती वाली सारी बातें जी

उजियाले के दिन हों चाहे, हों अँधियारी रातें जी
तेरे मेरे बीच में कुछ तो हों प्यारी सी बातें जी

कल आयी थीं हर आँगन पर, आहिस्ता ही आहिस्ता
राम करे के आज भी आएँ वैसी ही बरसातें जी

जिसके घर की जो बातें हैं घर में उसी के रहने दो
मेरे घर में किसी के घर की क्यों हो कुछ भी बातें जी

रो के सहो या हँस के सहो, ऐ 'प्राण' पड़ेंगी सहनी सब
कुछ क़िस्मत की, कुछ दुनिया की कुछ घर की आघातें जी

2

हर एक को ही कुनबे में इक जैसा पालना
कितना कठिन है दोस्तों घर को सँभालना

आनन्द की फुहार है चन्दन की गन्ध है
जादू जगाता माँओं की बाँहों का पालना

जिसको उजाड़ कर गये बच्चे शरारती
होता न काश वो किसी चिड़िया का आलना

शायद यही विचार के अब रुक गये हैं आप
आसाँ नहीं है अपने पे कीचड़ उछालना

ऐ 'प्राण' रास आयी है किस मन को दुश्मनी
इक संकरी गली से है स्वयं को निकालना

ओम प्रभाकर

रफ़्ता-रफ़्ता[1] मेरे अन्दर इक ख़ला[2] भरने लगा
कल का सेहतमन्द इन्साँ दम-ब-दम मरने लगा

शुक्र है वो मुझको अपना दोस्त कहता है, मगर
अब परेशाँ हूँ कि वो कुछ-कुछ वफ़ा करने लगा

घुल गया है इक नयापन-सा मेरे माहौल में
एक इन्साँ दूसरे से ख़ुद-ब-ख़ुद डरने लगा

क्या हुआ था इस जगह, ये तो इबादतगाह[3] है
क्यूँ हमारी आँख में कड़वा धुआँ भरने लगा

फिर वही ख़ेमे, क़बीले फिर वही टकराहटें
फूलता-फलता तमद्दुन[4] नागहाँ[5] मरने लगा

---

1. धीरे-धीरे, 2. ख़ालीपन, 3. पूजा-स्थल, 4. भाईचारा, 5. अचानक

2

मुझको इस तरह उछाला होता
खेत में, बाग़ में डाला होता

बन के गन्दुम[1] कि गुल[2] उभरता मैं
धूप ने आ के सँभाला होता

खींच कर कान[3] के मुँह से मुझको
शक़्ले औज़ार में ढाला होता

होते कितने ही यहाँ गंगो-जमुन
मैं अगर कोहे-हिमाला[4] होता

देस-परदेस बहम[5] हो जाते
फिर कहाँ देस-निकाला होता

यूँ भी होता कि मेरे हाथों से
तेरे मुँह में भी निवाला होता।

जलते चूल्हे में पकती रोटी से
घर की आँखों में उजाला होता

1. गेहूँ, 2. फूल, 3. खदान, 4. हिमालय पर्वत, 5. एक

श्रीनिवास श्रीकान्त

फिर लगी आग फिर जला कोई
फूल पत्थर पे है खिला कोई

लड़खड़ाने लगे हैं दिल के क़दम
आने वाला है ज़लज़ला कोई

दिल के टुकड़े मेरे हज़ार हुए
प्यार का था वो सिलसिला कोई

आ गयी याद उनकी बरसों बाद
जैसे डबरे पे दिन ढला कोई

हर तरफ़ काँच की दीवारें हैं
किसको आवाज़ दे भला कोई

आदमी जिसके डर से लरज़ाँ है
मौत है या है फिर बला कोई

दिल भी ईमाँ भी डगमगाया है
प्यार है या है कर्बला कोई

हर तरफ़ दर्द के हैं अफ़साने
हर क़दम पर है मरहला कोई

खिंच गये दूर तलक वीराने
कम करे आ के फ़ासला कोई

रख रहा था कि लेके जाएगा
या ख़ुदा करले फ़ैसला कोई

चन्द्रसेन विराट

पिघले हुए दुख से ही, आँसू की बनावट है
जीवन के कपोलों पर, पानी की लिखावट है

समृद्धि बढ़ी जितनी, उतनी घटी नैतिकता
जीवन तो उठा लेकिन, मूल्यों में गिरावट है

बाहर जो भरा दिखता, ख़ाली है वो अन्दर से
भीतर तो है सूनापन, ऊपर की सजावट है

ज़्यादातर लोग दुखी, जीते हैं अभावों में
कुछ हो जो तरी में हैं, मुखड़ों पे तरावट है

हर क्षेत्र में करती है, जबरन दख़लन्दाज़ी
हर ओर सियासत के मोहरों की जमावट है

चेहरे न सही चेहरे, चेहरों पे मुखौटे हैं
तन से तो सुदर्शन सब, पर मन में मिलावट है

निर्बाध अवैध मिलन, अधरों का अधीर परस
यह प्यार तो प्यार नहीं, जिस्मों की लगावट है

कहते हैं ग़ज़ल जिसको, है वो अनूठी विधा
संकेत की भाषा में, अर्थों की बुनावट है

हम लेके बुराई से, संघर्ष करेगी ही
अच्छाई के मुखड़े पर माना कि थकावट है

कवि हो न निराश अभी, आएँगें ही अच्छे दिन
ये दिन ही बुरे उनके रस्ते की रुकावट है

कुमार शिव

थामने कल जो चले थे रोशनी की उँगलियाँ
हाथ में लेकर खड़े हैं तीरगी की उँगलियाँ

जा रहा है शाम को सूरज किनारा छोड़कर
हिल रही हैं देखकर उसको नदी की उँगलियाँ

आज इसका चप्पा-चप्पा ख़ून से है तरबतर
किन फ़सादों में कटी हैं इस गली की उँगलियाँ

एक बादल बहुत पहचाना लगा कर रात को
बहुत अपनी-सी लगीं कल चाँदनी की उँगलियाँ

कोढ़ जैसी लग रही हैं आजकल जो आपको
हादसों में जल गयी थीं ज़िन्दगी की उँगलियाँ

चाहे दीमक लग चुकी है और गुज़री है मियाद
क़र्ज़ मेरा गिन रहीं अब तक बही की उँगलियाँ

सैकड़ों आये-गये गुम हो गये इस भीड़ में
रोक पाया कौन इस चंचल घड़ी की उँगलियाँ

रामदरश मिश्र

दर्द दुनिया भर का सीने में लिये जाते हैं हम
ज़िन्दगी जीने की मजबूरी जिये जाते हैं हम

अपने दामन से छुड़ा अब कहते ग़ैरों का हुआ
बेख़ता दोहरी सज़ाएँ भी पिये जाते हैं हम

यों तो ये बाज़ार, महफ़िल, पर सभी वीरान हैं
फिर भी वीराने में आवाज़ें दिये जाते हैं हम

बह रही है हर जुबाँ पर उनकी ज़ालिम दास्ताँ
फिर भी कुछ ऐसा कि होठों को सिये जाते हैं हम

एक ताज़ा चोट यूँ बरसी कि पहली धुल गयी
इस तरह से ग़म ग़लत ग़म से किये जाते हैं हम

2

तूने न कुछ कहा सुना जैसे टली बला कोई
देता है अपनों को विदा ऐसे भी प्रिय भला कोई

ऐसी उठी थीं आँधियाँ कि मैं बिखर के रह गया
फिर से गिला दे आएगा ऐसा भी ज़लज़ला कोई

तेरी नज़र में तू नहीं, छाया है गर्म रेत की
तुझको किसी की फ़िक्र क्या इसमें करे जला कोई

तेरी ज़ुबान पर चढ़ा कोई दिमाग़ और का
दिल का न दर्द कह रहा, यह भी है कला कोई

राम मेश्राम

आग भड़की, ख़ून पानी हो गया
शोक में दिल हक़बयानी हो गया

हम निवाला यार क्या जीता चुनाव
जीतते ही आसमानी हो गया

कैसे कैसे लोग शासक हो गये
शह्र जिस दिन राजधानी हो गया

ये नये राजा के पोस्टर हैं हुज़ूर
कल का राजा, अब कहानी हो गया

2

रोशनी का दिल से रिश्ता टूटता है
हाय, किरणों का शजर भी सूखता है

जी रहा है सिर्फ़ क़ुदरत की बदौलत
गाँव अँधियारे में हर दिन डूबता है

सब फ़िदा हैं आज बिजली की अदा पर
कौन माटी के दीये को पूछता है

यह बुढ़ापा है कि बचपन की मुहब्बत
दास्तानों की गली में ढूँढ़ता है

किस ज़माने में हुआ बाग़ी कबीरा
आज तक जो शाइरी में गूँजता है

शेरजंग गर्ग

सतह के समर्थक समझदार निकले
जो गहरे में उतरे गुनहगार निकले

बड़ी शानो शौक़त से अख़बार निकले
कि आधे अधूरे समाचार निकले

ये जम्हूरियत के जमूरे बड़े ही
कलाकार निकले, मज़ेदार निकले

बिकाऊ, बिकाऊ, नहीं कुछ टिकाऊ
मदरसे औ' मन्दिर भी बाज़ार निकले

जिन्हें प्यार के अर्थ ही व्यर्थ लगते
वो इन्सानियत के ख़रीदार निकले

गुलाबों की दुनिया बसाने की ख़्वाहिश
लिए दिल में जंगल से हर बार निकले

2

नर्म रहकर न यहाँ बैठना चलना होगा
वक़्त को सख़्त तरीक़ों से बदलना होगा

प्यार की बात अँधेरों में भटक सकती है
जब चिराग़ों को बहुत देर तक जलना होगा

जो हमारे लिए साज़िश में रचे दुनिया ने
उन खिलौनों से नहीं दिल का बहलना होगा

इक ज़रूरत है मेरी क़ौम का ज़िन्दा रहना
खुफ़िया पंजों से मौत के तो निकलना होगा

देश के प्रेम का हम जाम पिएँ, ख़ूब पिएँ
जलने वालों को फ़क़त हाथ ही मलना होगा

बुद्धिसेन शर्मा

अजब दहशत में है डूबा हुआ मंज़र जहाँ मैं हूँ
धमाके गूंजने लगते हैं रह रह कर जहाँ मैं हूँ

कोई चीख़े तो जैसे और बढ़ जाता है सन्नाटा,
सभी के कान हैं, ख़ुद अपनी आहट पर जहाँ मैं हूँ

खुली हैं खिड़कियाँ फिर भी घुटन महसूस होती है
गुज़रती हैं मकानों से हवा बच कर जहाँ मैं हूँ

सियासत जब कभी अँगड़ाइयाँ लेती हैं संसद में
कयामत नाचने लगती है सड़कों पर जहाँ मैं हूँ

समूचा शहर मेरा ज़लज़लों की ज़द पे रक्खा है
जगह से हट चुके हैं नींव के पत्थर जहाँ हूँ मैं

कभी मरघट की ख़ामोशी कभी महशर का हंगामा
बदल देता है मौसम नित नया तेवर जहाँ मैं हूँ

घुलेगी पर हरारत बर्फ़ में पैदा नहीं होगी
वहाँ हर आदमी है बर्फ़ से बदतर जहाँ मैं हूँ

पराये दर्द से निस्बत किसी को भी नहीं लेकिन
जिसे देखो वही बनता है पैग़म्बर जहाँ मैं हूँ

सदन में इस तरफ़ हैं लोग गूँगे उस तरफ़ बहरे
नहीं मिलता किसी भी प्रश्न का उत्तर जहाँ मैं हूँ

मज़ा लेते हैं सब एक-दूसरे के ज़ख़्म गिन-गिन कर
मगर हर शख़्स है अपने लहू में तर जहाँ मैं हूँ

इसे गिरना है तो एकबारगी गिर क्यों नहीं जाती
लटकती है सदा तलवार क्यों सर पर जहाँ मैं हूँ

2

क्या ज़रूरी है कि हो त्योहार की हर रोशनी
आग लगने से भी हो जाती है अक्सर रोशनी

खिड़कियों को बन्द रखने का मज़ा हम पा गये
दे के दस्तक फिर गयी बाहर-की-बाहर रोशनी

शर्त ये है, सौंप दे हम अपनी बीनाई उन्हें
फिर तो वह देते रहेंगे ज़िन्दगी भर रोशनी

रास्ता तो एक ही था, ये किधर से आ गये
बिछ गयी क्यों इनके नीचे बनके चादर रोशनी

सुब्ह आ जाता हूँ जैसे अज़दहे के पेट में
रात होती है तो होती है मयस्सर रोशनी

अपनी साज़िश में हवाएँ हो गयीं फिर क़ामयाब
रह गयी फिर बादलों के बीच फँस कर रोशनी

ख़ुद चमकते हैं हमेशा रात की पाकर पनाह
ये सितारे क्या भला बाँटेंगे घर-घर रोशनी

यूँ सवा नेज़े पे सूरज तो कभी पहले न था
थी, मगर पहले न थी इतनी भयंकर रोशनी

हम दिलों से दिल मिलाते हैं, निगाहों से निगाह
रोशनी से कर रहे हैं हम उजागर रोशनी

3

क़दम-क़दम पर नयी मुश्किलें पैदा करता है
सुनते हैं वह जो करता है अच्छा करता है

आख़िर क्यों मैं उसको अक्सर याद दिलाता हूँ
आख़िर क्यों वो मुझसे अक्सर वादा करता है

उसके पैरों की किरचों को कौन निकालेगा,
कुचल-कुचल के जो आईना तोड़ा करता है

आना और न आना भी उसकी मर्ज़ी पर है
लेकिन अच्छा लगता है जब वादा करता है

जलती चट्टानों पर अपनी धुन में बढ़ते लोग
है कोई जो सबके सर पर साया करता है

कोई और है तुम जिसको इंसान समझते हो
वरना क्या मिट्टी का पुतला बोला करता है

उसकी आँखें अमृत का विश्वास दिलाती हैं
एक नज़र में मुर्दों को वह ज़िन्दा करता है

मुझसे जितनी हो सकती थी कोशिश मैंने की,
इसके आगे देखना ये है जो वो क्या करता है

उसे ज़रूरत नहीं किसी की, दिल बहालने को
दीवाना अपने ज़ख़्मों से खेला करता है

रामकुमार कृषक

वक़्त है वक़्त की तेज़ रफ़्तार है
जो नहीं चल रहा वो गुनहगार है

वक़्त को काटना क्या हँसी-खेल है
वक़्त तो ख़ुद-ब-ख़ुद एक तलवार है

बेवफ़ा हो भले ज़िन्दगी मौत से
मौत को ज़िन्दगी से बहुत प्यार है

वक़्त को जाँच लें, बाँच लें हाथ से
अन्यथा व्यर्थ जाएगा अख़बार है

वक़्त के हाथ में तो घड़ी ही नहीं
हर घड़ी वक़्त की ही तलबगार है

वक़्त है सिन्धु ख़ुद में घुमड़ता हुआ
संग भाटा कभी तो कभी ज्वार है

अपनी ख़ुद्दारियत ही ख़ुदा दोस्तो
वक़्त भी है ख़ुदा, पर निराकार है

2

क्या जानूँ क्यूँ उमड़ा होगा पहली-पहली बार समन्दर
बूँद-बराबर रह जाता हूँ देख तेरा विस्तार समन्दर

जाने कब से खोज रहा हूँ मिला नहीं माँझी तेरे-सा
लहर लहर तरणी है तेरी लहर लहर पतवार समन्दर

सोच रहा धरती छूने की होड़ तरंगों में किस कारण
जिस तट पर इंसान बसा है उससे तुझको प्यार समन्दर

मुझको तो तेरी मर्यादा पराधीनता ही लगती है
यों ही टूट न पाता तेरी बेचैनी का तार समन्दर

सही बात है तेरे बदले मैं रत्नाकर होता कैसे
सारी दुनिया में फैला है तेरा कारोबार समन्दर

पता नहीं जलचर सब तेरे किसके पाँव पूजने होंगे
मैंने तुझसे छीन लिया है तेरा हर अवतार समन्दर

अपने मन अनुकूल सदा ही शायद मैंने तुझको जाना
सुख में अट्टहास लगता है दुख में हाहाकार समन्दर

शायद कुछ गहराई मिलती शायद कुछ मोती मिल जाते
अगर कहीं तेरा तट होता अपना भी घर बार समन्दर

समझ रहा हूँ तेरी भाषा फिर भी भाषा ही मजबूरी
वरना हो ही जातीं तुझसे बातें भी दो-चार समन्दर

विज्ञानव्रत

सारा ध्यान ख़ज़ाने पर है
उसका तीर निशाने पर है

अब इस घर के बँटवारे में
झगड़ा बस तहख़ाने पर है

होरी सोच रहा है उसका
नाम यहाँ किस दाने पर है

सबकी नज़रों में हूँ जब से
मेरी आँख ज़माने पर है

काँप रहा है आज शिकारी
ऐसा कौन निशाने पर है

2

मैं था तन्हा एक तरफ़
और ज़माना एक तरफ़

तू जो मेरा हो जाता
मैं हो जाता एक तरफ़

अब तू मेरा हिस्सा बन
मिलना-जुलना एक तरफ़

यूँ मैं एक हक़ीक़त हूँ
मेरा सपना एक तरफ़

फिर उससे सौ बार मिला
पहला लम्हा एक तरफ़

सुल्तान अहमद

दरख़्त बोले, ख़िजाँ है कब से? कभी चमन में फ़ज़ा भी आए
अगर चली है फ़ज़ा की, कोई तो पत्ता हरा भी आए

उजाड़ चेहरे, उदास गलियाँ, ये सहमी सड़कें, खिंची हवाएँ
लरज़ उठे हैं तमाम बस्ती कोई जो मद्धिम सदा भी आए

बहस लुटेरों की हरक़तों पर छिड़ी हुई है न जाने कब से
लुटे घरों को ये फ़िक्र है अब बहस का कुछ फ़ैसला भी आए

सभी से ऊँचा, सभी से बढ़कर मकाँ बनाना तो देख लेना
कहीं बचा है वो कोना जिसमें कोई तुम्हारे सिवा भी आए

उमस, अँधेरा, घुटन, उदासी, ये बन्द कमरों की ख़ूबियाँ हैं
खुली रखो गर ये खिड़कियाँ तो कहीं से ताज़ा हवा भी आए

2

इनको हम लेके भटकते हैं सिरों पर अपने
कितने बेजोड़ हैं क़िस्मत में लिखे घर अपने

कल जो कहते थे बदल देंगे रविश आँधी की
आज घुटनों में छुपाये हैं वही सर अपने

क्या ही तुम होंगे पशेमाँ, जिन्हें कल ग़ैर कहा
गर वही लोग लगे तुमको बिछुड़कर अपने

लाख भटकोगे मगर राह पे आ जाओगे
छोड़कर उनको बनो ख़ुद कभी रहबर अपने

इस धुएँ में भी कहा आँख से, देखो सपना
होगी इक रोज़ ज़मीं अपनी, समुन्दर अपने

माधव कौशिक

लहू को और भी ज़्यादा सियाह मत करना
नगर के वास्ते क़स्बे तबाह मत करना

मुसाफ़िरों के मुक़द्दर में राहतें कैसी
किसी भी मोड़ पर मंज़िल की चाह मत करना

नहीं तो वक़्त भी समझेगा आपको बुजदिल
जलेगा जिस्म मगर मुँह से आह मत करना।

क़लम हो सर, या ज़ुबाँ को तराश दे दुनिया
किसी भी हाल में नीची निगाह मत करना

जला सको तो जला दो चिराग़ आँधी में
ज़रा-सी बात पर सपनों का दाह मत करना

ज़माने वाले मुहब्बत को जो कहें सो कहें
गुनाह इस को समझ कर गुनाह मत करना

उजाला भीख में मिलता तो सारे ले आते
अँधेरी रात से झूठा निबाह मत करना

2

पुराने वक़्त के चेहरों को ध्यान में रख ले
नज़र में फूल तो ख़ुशबू ज़ुबान में रख ले

हथेलियों की लकीरों से दूर है दुनिया
मेरी दुआओं का जादू कमान में रख ले

अभी तो दूर, बहुत दूर है तेरी मंज़िल
मुसाफ़िरों का मुक़द्दर थकान में रख ले

सुनेगा कौन अदालत में साफ़ सचाई
ज़रा सी झूठ की शोख़ी बयान में रख ले

मेरे ख़्याल के खेतों को छोड़ दे लेकिन
मेरे वजूद को गिरती लगान में रख ले

ज़मीं की कोख में सब कुछ समा नहीं सकता
जिगर के दर्द को अब आसमान में रख ले

न जाने कौन से पल कब चिराग़ बुझ जाये
किसी के प्यार का जुगनू मकान में रख ले

3

दिल में हरदम चुभने वाला काँटा सही सलामत दे
आँखें दे या मत दे लेकिन सपना सही सलामत दे

हमें युद्ध, आतंक, भूख से मारी धरती बख़्शी है
आने वाली पीढ़ी को तो दुनिया सही सलामत दे

बच्चे भी अब खेल रहे हैं ख़तरनाक हथियारों से
बचपन की बगिया को कोई गुड़िया सही सलामत दे

टुकड़े-टुकड़े में जीने का मतलब मरना होता है
बुझे चिराग़ों की क़िस्मत में जलना सही सलामत दे

दावा है मैं उस को इक दिन दरिया करके छोड़ूँगा
खुली हथेली पर आँसू का क़तरा सही सलामत दे

भीड़ भरी महफ़िल में सबकी अलग अलग पहचान बने
इसीलिए हर इक इंसान को चेहरा सही सलामत दे

आधी और अधूरी हसरत कब तक ज़िन्दा रक्खेंगे
काग़ज़ पर ही लेकिन घर का नक़्शा सही सलामत दे

4

बस एक काम यही बार-बार करता था
भँवर के बीच से दरिया को पार करता था

उसी की पीठ पर उभरे निशान ज़ख़्मों के
जो हर लड़ाई में पीछे से वार करता था

अजीब शख़्स था ख़ुद अलविदा कहा लेकिन
हर एक शाम मेरा इन्तज़ार करता था

हवा ने छीन लिया अब तो धूप का जादू
नहीं तो पेड़ भी पत्तों से प्यार करता था

सुना है वक़्त ने उसको बना दिया पत्थर
जो रोज़ वक़्त को भी संग सार करता था

राजेश रेड्डी

बिना खिलौनों के बचपन गुज़ार आये हैं
हम अपने मन को बहुत पहले मार आये हैं

हमारे पास भी सुख आये हैं मगर अक्सर
हवा के झोंकों पे होकर सवार आये हैं

गये थे जीतने जो कल बड़े-बड़े सपने
वो छोटी-छोटी-सी ख़ुशियाँ भी हार आये हैं

अब और ढूँढ़ें कहाँ जा के ज़िन्दगानी को
हम उसको दोनों जहाँ में पुकार आये हैं

गये थे भूल से इक बार हम दुखों की तरफ़
फिर उसके बाद वो ख़ुद बार-बार आये हैं

2

नेकियाँ करके जो दरिया में डाल आता है
ऐसे इंसान का किसको ख़याल आता है

पहले दस्तार पे पड़ती है बुरे वक़्त की मार
बाद में सर को बचाने का सवाल आता है

ताज़ा दम घर से निकलता है सवेरे सूरज
शाम ढलते ही मगर होके निढाल आता है

ये अलग बात है कुछ कर न सकूँ मैं, लेकिन
दिल के जज़्बात में रह-रह के उबाल आता है

रात-दिन सोचता रहता हूँ तेरे बारे में
ज़िन्दगी तुझको भी क्या मेरा ख़्याल आता है

कब बदलता है कहीं कुछ भी कैलेंडर के सिवा
पिछले सालों की तरह हर नया साल आता है

सुरेन्द्र सिंघल

ये जिनके कान गिरवी हैं, उन्हें दुख अपना क्या कहना
मगर ये भी नहीं अच्छा, यूँ ही चुपचाप सब सहना

हवा का रुख़ बदलने की, अगर ताक़त नहीं हममें
किसी तिनके-सा बस यूँ ही, ज़रूरी तो नहीं बहना

न मैं नंगा हूँ, मुझे लड़ने दे मौसम के ख़ुदाओं से
वो लू हो, ठंड हो, हमदर्दियों के कपड़े मत पहना

चलो अब सरहदें लाँघों, कि दुनिया सब तुम्हारी है
कि है जो चारदीवारी, शुरू कर देगी ख़ुद ढहना

मेरे दिल में न दीवारें, न दरवाज़े, न साँकल है
यहाँ दुनिया की जन्नत है, खुले दिल से यहाँ रहना

2

रात का वक़्त है और पैदल हूँ मैं, एक सुनसान रस्ता है क़दमों तले
एक भुतहा हवेली है जिसकी तरफ़ जा रहा हूँ मैं, कोई मुझे रोक ले

और कुछ भी न हो, और कुछ भी न हो, रास्तों की ये लम्बाई कम तो लगे
साथ चल कर मेरे देख तो लो ज़रा, लौट आना अगर साथ मेरा खले

भींच कर अपने सीने से तुमने मुझे, जब कहा सिर्फ़ मेरे हो, मेरे हो तुम
तब न जाने मुझे क्यों ये लगने लगा, इतनी नज़दीकियों में भी हैं फ़ासले

जा रहा हूँ तुझे सौंप कर चाबियाँ अपने घर की, तू गाहे-बगाहे इसे
खोल कर देखियो, रखने दीजो मगर, कुछ परिन्दे जो इसमें रखे घोंसले

क़त्लगाहों की जानिब लिये जा रहे, वे हमें रास हमने थमायी जिन्हें
यूँ ही हँकते चले जायें या फिर उन्हें सींग मारें ये करने हैं अब फ़ैसले

जहीर क़ुरैशी

घर के अन्दर देख कर या घर के बाहर देख कर
थक गया है आदमी ख़ुद को निरन्तर देख कर

न्याय-घर में भी बदल जाते हैं 'दर्पण' के बयान
मूल अपराधी के संकेतों में 'पत्थर' देख कर

चीखने की भी यहाँ पंछी को आज़ादी नहीं
चाकुओं के हाथ में अपने कटे 'पर' देख कर

उसको तालाबों के क़िस्सों में मज़ा आता नहीं
जो अभी लौटा है अपने घर, समन्दर देख कर

दोस्तों से राय लेना व्यर्थ लगता है मुझे
दोस्त मुझको राय देते हैं, मेरा 'स्वर' देख कर

2

वो घुप अँधेरे में भी ये कमाल कर देखे
पुरानी यादों के जुग़नू निकाल कर देखे

वो सोन–मछली स्वयं चाहती है फँस जाना
कोई तो उसके लिए जाल डाल कर देखे

गवाह से वो उगलवा सका न वो उत्तर
वकील ने यूँ हज़ारों सवाल कर देखे

मैं किसके साथ रहूँ, इतने फ़ैसले के लिए
तमाम लोगों ने सिक्के उछाल कर देखे

मिलेंगे लाखों जहाज़ों के शव समन्दर में
अगर समुद्र को कोई खँगाल कर देखे

एहतराम इस्लाम

अग्नि-वर्षा है तो है, हाँ! बर्फ़बारी है तो है
मौसमों के दरमियाँ इक जंग जारी है तो है

ज़िन्दगी का लम्हा-लम्हा उसपे भारी है तो है
क्रान्तिकारी व्यक्ति, कुछ हो, क्रान्तिकारी है तो है

मूर्ति सोने की निरर्थक वस्तु है, उसके लिए,
मोम की गुड़िया अगर बच्चे को प्यारी है तो है

ख़ूँ-पसीना एक करके हम सजाते हैं इसे,
हम अगर कह दें कि यह दुनिया हमारी है तो है

रात कोठे पर बिताता है कि होटल में कोई
रोशनी में दिन की, मन्दिर का पुजारी है तो है

अपनी कोमल भावना के रक्त में डूबी हुई,
मात्र श्रद्धा आज भी भारत की नारी है तो है

हैं तो हैं दुनिया से बेपरवा परिन्दे शाख़ पर
घात में उनके कहीं कोई शिकारी है तो है

आप छल-बल के धनी हैं जीतिएगा आप ही
आपसे बेहतर मेरी उम्मीदवारी है तो है

देश की सम्पन्नता कितनी बढ़ी है, देखिए
सोचिये क्यों? देश की जनता भिखारी है तो है

दिल्लियों अमृतसरों की भीड़ में खोई हुई
देश में अपने, कहीं कन्याकुमारी है तो है

'एहतराम' अपने ग़ज़ल लेखन को कहता है कला
आप कहते हैं उसे जादूनिगारी, है तो है

2

क्या फ़िक्र की अँधियारा अजय भी तो नहीं है
फिर सूर्य के उगने का समय भी तो नहीं है

संघर्ष बिना प्राप्त सफलता पे न इतराओ
यारो, ये विजय कोई विजय भी तो नहीं है

मैं अपना अहं तोड़ के रख दूँ पर तुम्हारा
हो जाएगा मन साफ़ ये तय भी तो नहीं है

वैभिन्य दिशाओं का भला कैसे मिटेगा
सम्भाव्य विचारों का विलय भी तो नहीं है

क्यों पाप छिपा लेने का अपराध करूँ मैं,
मुझको किसी भगवान का भय भी तो नहीं है

ज्ञानप्रकाश विवेक

किसने कहा ज़मीन पर तारे बिछा के देख
मिट्टी का इक चराग़ ज़मीं पर जला के देख

मुमकिन है आसमान की तू छू ले सरहदें
बस एक बार हाथ तो अपना उठा के देख

जूते घिसे हुए हैं तो इसका मलाल क्या
नंगे हैं तेरे पाँव इन्हें आज़मा के देख

मिलते थे जिस उजाड़ में हम-तुम कभी-कभी
मैं आज जा रहा हूँ वहाँ, तू भी आ के देख

गर ये नया समय तुझे माफ़िक नहीं तो क्या
अपने पुराने दोस्तों से मिल-मिला के देख

कमरे का तापमान बदल जाए क्या पता
तन्हाइयों के साथ ज़रा गुनगुना के देख

मैंने ये सब चराग़ लहू से जलाये हैं
तूफ़ान, तेरी ज़िद है तो इनको बुझा के देख

इस रास्ते पे कहकशाँ की बात है फ़ज़ूल
किरचों पे चल सके तो मेरे साथ आ के देख

2

दोस्तो, मुझपे अजब क़िस्म का जुर्माना था
मौत की धुन पे कोई राग मुझे गाना था

वेदना! देख, तेरी मैंने पकड़ ली उँगली
कहकहों ने तो मुझे छोड़ के आ जाना था

वो सगा भाई जो घर आया कई साल के बाद
मैंने तो उसको बड़ी देर से पहचाना था

ज़ख़्म को देख के अफ़सोस जतानेवालो
अपने घर से ज़रा मरहम तो उठा लाना था

धूप कमरे में चली आयी तो मैंने जाना
इस दिसम्बर का ये सबसे बड़ा नज़राना था

वो परिन्दा था भटकना था उसे जंगल में
मैं था इंसान, मुझे लौट के घर आना था

तू भी फिरती थी उदासी की उठाकर गठरी
मेरे अन्दर भी कोई दर्द का तहख़ाना था

3

संवेदनाओं की बहती हुई नदी रख ली
किसी .फ़कीर की जीवन में सादगी रख ली

स.फ़र में जाते हुए तुमने रख लिए कपड़े
कि हमने बैग में यादों की डायरी रख ली

मिला के हाथ अँधेरे ने मुझको यूँ देखा
कि जैसे उसने मेरे साथ दोस्ती रख ली

हवाओं, तुमसे मुझे रंज है तो इतना है
कि तुमने मेरे चराग़ों की रोशनी रख ली

पुराने व.क्त का कमरा वही रहा लेकिन
नये मिज़ाज की टेबल तो हमने भी रख ली

ये तितलियों की शिकायत .फ़ज़ूल है यारो
कि एक शूल ने फूलों की ताज़गी रख ली

कोई ग़रीब नहीं होता दोस्ताने में
कृशन ने देख, सुदामा की पोटली रख ली

यश मालवीय

है कभी पत्थर कभी लोहा ग़ज़ल
किसलिए कहिये कि है शीशा ग़ज़ल

जो निहत्थे थे समय की जंग में
हाथ का उनके हुई भाला ग़ज़ल

है मुखर इतनी कि बहरे तक सुनें
क्यों न खोले होठ का ताला ग़ज़ल

चल रही है पाँव में छाले लिये
हाथ में मेंहदी रचाये क्या ग़ज़ल

मुट्ठियों में क़ैद हो सकती नहीं
चिलचिलाती धूप में पारा ग़ज़ल

कहकहों का दम अचानक घुट गया
हो गयी जिस लम्हा संजीदा ग़ज़ल

फ़ितरतन बहती है दरिया की तरह
कैसे हो सकती है पेचीदा ग़ज़ल

रात के काले घने माहौल में
और भी लगती है पाकीज़ा ग़ज़ल

2

वक़्त का तेवर बदलता है बताओ क्या करें
ऊबकर भी जी बहलता है बताओ क्या करें

चाँद को रोटी समझकर भूख की दहलीज़ पर
एक नन्हा शिशु मचलता है बताओ क्या करें

मेमने की गन्ध पर क़ाबू नहीं औ' सिंह में
फाड़ खाने की कुशलता है बताओ क्या करें

शाम तक भी गर न लौटा सुब्ह का भूला हुआ
सोचकर ही जी दहलता है बताओ क्या करें

शून्य से नीचे उतर आया है पैमाना, वहीं
धमनियों में ख़ूँ उबलता है बताओ क्या करें

गिर गये जो लोग उनको देखकर फिर, बल्लियों
दोस्तों का मन उछलता है बताओ क्या करें

सुबह पाकर भी किसी ख़रगोश सा सहमा हुआ
बादलों में सच टहलता है बताओ क्या करें

विजय किशोर मानव

एक ओर माँ लेटी एक ओर बाबू जी
खाँस रहे माँ से भी ज़ोर ज़ोर बाबू जी

बोये कोई, काटे दूसरा, चरे कोई
चीखा करते बैठे चोर चोर बाबू जी

चौतरफ़ा नथे लोग, जुते हुए बैलों-से
देख रहे चाबुक से लैस ढोर बाबू जी

चूर आईने मिलते सुबह गली में बिखरे
रोज़ फेंकते हैं किरचें बटोर बाबू जी

मोमबत्तियों जैसे जले गले रातों में
बैठे सर पीट रहे देख भोर बाबू जी

फाड़कर कमीज़ दिया गुल करके बैठ गये
अन्धों के हाथों में देख डोर बाबू जी

आधी चिट्ठी बाँची, आँखें पूरी भरीं
डूब गये बेटे में पोर पोर बाबू जी

2

बौने हुए विराट हमारे गाँव में
बगुले हैं सम्राट हमारे गाँव में

घर घर लगे धर्मकाँटे लेकिन
नक़ली सारे बाट हमारे गाँव में

हर मछली को सुख के आश्वासन
मछुआरे हैं घाट हमारे गाँव में

मुखिया का कुरता है रेशम का
भीड़ पहनती टाट हमारे गाँव में

सुबह पीठ मिलती है छिली हुई
चुभती है हर खाट हमारे गाँव में

रात शुरू होकर दिन भर चलते
चक्की के दो पाट हमारे गाँव में

दिन भर खटकर सोना आधे पेट
ऐसा बन्दरबाँट हमारे गाँव में

देवेन्द्र आर्य

कभी पेड़ो कों भी छुट्टी दिया कर
हवा तू भी कभी पैदल चला कर

मैं संगे-मील होके रह न जाऊँ
सफ़र की गर्द को अपना बना कर

बग़ावत दुम हिलाती आ गयी फिर
इसे चलता करो कुछ दे दिला कर

सड़क पर जब कभी चलना हो तुझको
कलेजा हाथ में लेकर चला कर

मैं क्या सूरज नया पैदा करूँगा
बड़ा जो भी बना है जुल्म ढाकर

नज़र की ख़ैरियत गर चाहता हो
उजाले से अँधेरे में मिला कर

गढ़ी है वक़्त की तस्वीर मैंने
समय की आँच में सपने गला कर

ख़र्राटें भर रहे थे रात को
मैं जब आयी थी बच्चे को सुला कर

2

बस्ती, जंगल, पर्वत, मौसम, फ़सलें भी हैं, बंजर भी
नदियों के भीतर ही होता है इक खारा सागर भी

सर ऊँचा करके जीने की जबसे ठानी है मैंने
मुझको दहशतगर्द समझता है मेरा अपना घर भी

सरकारी नौकरियाँ भूख, हिकारत, कुंठा देती हैं
केवल एन.जी.ओ. में ही रोटी भी है, आदर भी

घर का मतलब और नहीं, इक ख़ास तरह की ख़ुशबू है
जिसके खो जाते ही अनजाना-सा लगता बिस्तर भी

हर शब, हर दिन चुभता रहता है इसका अहसास मुझे
जो कुछ मेरी पहुँच में है क्या उतना ही है बेहतर भी

जल्दी और ज़ियादा, चाहे जैसे वाला वक़्त है ये
इसमें ही हमको रह के देनी है इसको टक्कर भी

किसे चुने और छोड़ें किसको, धरती और गगन में से
हिन्दुस्तानी औरत में पीहर भी है और नैहर भी

तुम ख़ुशबू की तरह ज़माने भर में पहचाने जाओ
लेकिन इसमें हर पल ख़ुद के खो जाने का है डर भी

इक चौकन्ना बड़बोलापन तो है ही इन ग़ज़लों में
दम आधी आवाज़ें भी हैं, चुभ जाने वाला स्वर भी

चन्द्र त्रिखा

ख़ूबसूरत तितलियों के काट कर पर ले गया
सिर्फ़ दहशत के लिए मासूम का सर ले गया

हाथ में अंजील, आँखों में लहू, चेहरे पे ख़ौफ
इक मसीहा कल चरागाहों में खंज़र ले गया

रतजगे, वो महफ़िलें, वो सैर जुए बार की
एक कर्फ़्यू मुझसे कैसे कैसे मंज़र ले गया

कौन दहशत भर गया मोनालिज़ा की आँख में
कौन था मुस्कान के जो मूक ज़ेवर ले गया

हादसों की इक नयी मीनार चिनवाई गयी
कौन था जो फ़न के प्यारे प्यारे तेवर ले गया

2

दिये की लौ जो हवाओं में थरथराती है
ज़िन्दगी मौत से आगाह हुई जाती है

अक्सर आबाद इलाक़ों में ही दम घुटता है
मरघटों में तो बड़ी ठंडी हवा आती है

कैसी आवारा सियासत है जो हर शाम ढले
झोंपड़ी छोड़ के महलों में चली जाती है

हमने सूरज को भी, चन्दा को भी बिकते देखा
दर्द के गाँव से 'बेदर्द' सी बू आती है

हमने यादों को सँजोया भी सलीक़े से, मगर
ज़िन्दगी फिर भी बिखरती ही चली जाती है

ग़ैर से पूछते हैं अपने ही घर का रस्ता
एक आवारा ग़ज़ल यूँ भी तो भटकाती है

बल्ली सिंह चीमा

हमारी याद को चाहो तो ताक पर रखना
नयी जगह है वो ख़ुद को सँभालकर रखना

तुम्हें मिला हूँ तो मुझको ख़्याल आया है
तुम्हीं से सीख लूँ ख़ुद को सँवारकर रखना

ये पोज भी उसकी आदत का एक हिस्सा है
किसी भी सोच में उँगली को गाल पर रखना

किसी दुष्यन्त से जुड़ती हैं गर तेरी राहें
तो उसकी याद अँगूठी सँभालकर रखना

ये तय है कि वो आएँगे आज ही 'बल्ली'
इसी उम्मीद में घर को सँवारकर रखना

2

डूबते वक़्त भी तिनके का सहारा है मुझे
यूँ लगे है कि किनारों ने पुकारा है मुझे

इन अभावों में मुहब्बत की नदी सूख गयी
फिर भी लगता है कि सोहनी ने पुकारा है मुझे

मौत हर मोड़ मुसीबत में मेरे साथ रही
फिर भी जीवन हर एक चीज़ से प्यारा है मुझे

मैं न मरता जो ग़रीबी न सताती मुझको
कौन कहता है तेरे गम ने ही मारा है मुझे

इस ग़रीबी ने बहुत दुख भी दिये हैं 'बल्ली'
फिर भी जीवन के संघर्षों में उतारा है मुझे

हृदयेश मयंक

नज़र को ख़्वाब परों को नयी उड़ान मिले
ख़ुदा करे तेरी चाहत को इक जहान मिले

ख़ला में उड़ते हुए पंख जब लगें थकने
सुहानी शाम हो चिड़ियों का इक बगान मिले

चले जो ज़िक्र तो महफ़िल के आसपास कहीं
तेरा वजूद मुझे सबके दरमियान मिले

यही चलन है ज़माने में अब तलक साहिब
हर इक चढ़ान के आगे कोई ढलान मिले

जो चाहो रख लो ये दुनिया समेट कर ख़ुद में
मगर 'मयंक' को छोटा-सा इक मकान मिले

2

बिकने ख़रीदने में रुकावट नहीं रही
हम सब हुए ग़ुलाम कि आहट नहीं रही

कुछ लोग झुग्गियों को परेशाँ हैं देखकर
पहले-सी शहर की जो सजावट नहीं रही

चेहरों की झुर्रियों में है तस्वीर देश की
कहता है कौन साफ़ लिखावट नहीं रही

वे लोग जो मरे थे दवाओं के ज़हर से
तहक़ीक़ में दवा के मिलावट नहीं रही

सूरज को बादलों से निकलने की देर थी
धरती पे तीरगी की बुनावट नहीं रही

चाँद शेरी

मेरा वो आशना था बहुत
मुझसे लेकिन ख़फ़ा था बहुत

ज़र्द पत्ते हरे हो गये
बादलों में नशा था बहुत

मेरी नींदें चुरा ले गया
देखने में भला था बहुत

फड़फड़ाता है अब क़ैद में
जो परिन्दा उड़ा था बहुत

तिनका तिनका नशेमन हुआ
आँधियों से लड़ा था बहुत

ख़ूने-दिल से जो उन्वाँ लिखा
सुर्ख़ियों में छपा था बहुत

दिल के काग़ज़ पे 'शेरी' तेरे
हाशिया रह गया था बहुत

2

एक लम्बी क़तार बाक़ी है
मुफ़लिसों की पुकार बाक़ी है

सूद ही सूद में बिका सबकुछ
जो लिया था उधार बाक़ी है

क़त्ल मासूम हो गये लाखों
फिर भी ख़ंजर की धार बाक़ी है

नींद तो उड़ गयी धुआँ बन कर
जलती बुझती सिगार बाक़ी है

बस यही ग़म-गुसार है मेरा
हाथ में जो सितार बाक़ी है

रौनक़ें कारवाँ के साथ गयीं
धूल उड़ाता ग़ुबार बाक़ी है

आदमीयत तो मर गयी 'शेरी'
अब तो उसका मज़ार बाक़ी है

अतुल अजनबी

अजब ख़ुलूस सादगी से करता है
दरख़्त नेकी बड़ी ख़ामोशी से करता है

मैं उसका दोस्त हूँ अच्छा, यही नहीं काफ़ी
उम्मीद और भी कुछ दोस्ती से करता है

जवाब देने को जी चाहता नहीं उसको
सवाल वैसे बड़ी आजिज़ी से करता है

जिसे पता ही नहीं शाइरी का फ़न क्या है
वो कारोबार यहाँ शाइरी से करता है

समन्दरों से लड़े तो उसे पता भी चले
लड़ाई करता है वो भी नदी से करता है

नयी नहीं है ये उसकी पुरानी आदत है
शिक़ायतें हों किसी की, किसी से करता है

मुक़ाबले के लिए लोग और भी हैं मगर
मुक़ाबला वो अतुल अजनबी से करता है

2

सर पर हमारे साया-ए-दीवार भी नहीं
सूरज सा हम फ़क़ीरों के घर बार भी नहीं

मुझसे तअल्लुक़ात का इक़रार भी नहीं
और कोई पूछतार है तो इनकार भी नहीं

गहराई उस नदी की भला क्या पता लगे?
जिसमें भँवर नहीं कोई मझधार भी नहीं

जिसको तमाम उम्र अमल में न ला सके
ऐसी वो राय देने का हक़दार भी नहीं

साँसों की डोर थामे चली जा रही है उम्र
वरना किसी से कोई सरोकार भी नहीं

सलीम अख़्तर

शाम आई तो भरम सारे किताबी निकले
गाँव के लोग तो सूरज के पुजारी निकले

होठ भी खेतों के उनसे तो भिगोये न गये
बादलों के घड़े बरसात में ख़ाली निकले

याद है उसकी, कि तन्हाई में जंगल का सफ़र
या कि खँडहर से कोई क़ब्र पुरानी निकले

शाम का बूढ़ा चला चाँद की क़न्दील लेकर
रात दामन में लिये कोई कहानी निकले

वक़्त सर देने का आया तो रहा मैं तन्हा
यार तुम लोग तो बातों के खिलाड़ी निकले

जिनके हाथों में दी है क़ौम की क़िस्मत हमने
हाय वो लोग भी काग़ज़ के सिपाही निकले

2

रह गये क़द वाले लेकिन सारे बौने बिक गये
इस नुमाईश में तो मिट्टी के खिलौने बिक गये

धर्म, मज़हब का अँधेरा खा गया हर इल्म को
इस सदी की रोशनी में जादू-टोने बिक गये

दोस्तो, धनवान के तो झूठ भी अनमोल थे
मुफ़लिसों के सच यहाँ पर औने-पौने बिक गये

देखिये ये भी करिश्मा बदनसीबी का हुज़ूर
छातियाँ माँओं की सूखी नन्हे-मुन्ने बिक गये

थी बहुत महँगी वो गुड़िया आज भी बाज़ार में
जिसकी ख़ातिर कल मेरे सपने-सलोने बिक गये

नूर मुहम्मद नूर

उधर इस्लाम ख़तरे में, इधर है राम ख़तरे में
मगर मैं क्या करूँ, है मेरी सुब्हो-शाम ख़तरे में

वो ग़म वाले से बम वाले हुए उनको पता क्यों हो
कि मुश्किल में मेरी रोटी है मेरा जाम ख़तरे में

ये क्या से क्या बना डाला है हमने मुल्क को अपने
कहीं हैरी, कहीं हामिद, कहीं हरनाम ख़तरे में

ग़ज़लगोई ये अफ़साने, रिसाले और तहरीकें
किताबत, सचकलामी, हाय सारे काम ख़तरे में

न बोलो सच ज़ियादा 'नूर' वर्ना लोग देखेंगे
तुम्हारी जान जोख़िम में तुम्हारा नाम ख़तरे में

2

बस्तियों में सर छुपाने को ठिकाना ढूँढ़ना
बंजरों में पागलों सा आबोदाना ढूँढ़ना

जिस तरह सहरा में पानी ढूँढ़ते हैं तिश्नालब
दोस्तों के बीच रहकर, दोस्ताना ढूँढ़ना

आदमी में आदमीयत और ख़ुशबू फूल में
हो सके तो शहर में अब ये ख़ज़ाना ढूँढ़ना

शे'र कहना अब अदब के वास्ते, ऐसा लगे
जैसे गूँगों के लिए कोई तराना ढूँढ़ना

ढूँढ़ते हैं अब तेरे हमअस्त्र मक़तल में पनाह
'नूर' तुम लफ़्ज़ों में तेवर क़ातिलाना ढूँढ़ना।

कमलेश भट्ट 'कमल'

गुलाबों में कभी मैं हूँ, कभी मैं गुलमोहर में हूँ
मेरी चाहत है फूलों की, मैं फूलों के नगर में हूँ

समझती है बड़ा दुनिया ये उसकी मेहरबानी है
मेरा क़द तो बस उतना है जो मैं ख़ुद की नज़र में हूँ

जहाँ जाता हूँ, मुझको इतना सारा प्यार मिलता है
ये लगता ही नहीं, मैं घर से बाहर हूँ कि घर में हूँ

मेरी फ़ितरत में चलना है तो मुझको कौन रोकेगा
मैं चाहे चाँदनी में हूँ, मैं चाहे दोपहर में हूँ

मेरी हर एक मंज़िल फिर नया आग़ाज देती है
मैं कल भी इक सफ़र में था, मैं अब भी इक सफ़र में हूँ

मैं ख़ुद में खोजने निकलूँ तो ख़ुद को ही नहीं पाता
जो देखूँ, ख़ुद से बाहर तो लगे, मैं हर बशर में हूँ

अगर थक जाऊँ तो यह ज़िन्दगी ख़तरे में पड़ती है
यहाँ हर पल मुझे लड़ना है, मैं ऐसे समर में हूँ

जयकृष्ण राय तुषार

खार से रिश्ता भले खार की सूरत रखना
फूल से मिलना तो फूलों-सी तबीयत रखना

जब भी तक़सीम किया जाता है हँसते घर को
सीख जाते हैं ये बच्चे भी अदावत रखना

हम किसे चूमें किसे सीने पे रखकर रोयें
दौर-ए-ईमेल में मुमकिन है कहाँ ख़त रखना

ज़िन्दगी बाँह में बाँधा हुआ ताबीज़ नहीं
गर मिली है तो इसे जीने की क़ुव्वत रखना

जिसके सीने में सचाई के सिवा कुछ भी नहीं
उसके होठों पे उँगलियों को कभी मत रखना

रेशमी ज़ुल्फ़ें, ये आँखें, ये हँसी के झरने
किस अदाकार से सीखा ये मुसीबत रखना

चाहता है जो तू दरिया से समन्दर होना
अपना अस्तित्व मिटा देने की फ़ितरत रखना

जब उदासी में कभी दोस्त भी अच्छे न लगें
क़ैद-ए-तनहाई की इस बज़्म में आदत रखना

इसको सैलाब भी रोके तो कहाँ रुकता है
इश्क़ की राह, न दीवार, न ही छत रखना

2

उसी के क़दमों की आहट सुनाई देती है
कभी-कभार वो छत पर दिखाई देती है

मैं उससे बोलूँ तो वो चुप रहे ख़ुदा की तरह
मैं चुप रहूँ तो ख़ुदा की दुहाई देती है

वो एक ख़त है जिसे मैं छिपाये फिरता हूँ
जहाँ ख़ुलूस की स्याही दिखाई देती है

तमाम उम्र उँगलियाँ मैं जिसकी छू न सका
वो चूड़ी वाले को अपनी कलाई देती है

वो एक बच्ची खिलौनों को तोड़कर सारे
बड़े सलीक़े से माँ को सफ़ाई देती है

राजेन्द्र तिवारी

मेरी ख़ामोशियों में भी फ़साना ढूँढ़ लेती है
बड़ी शातिर है ये दुनिया बहाना ढूँढ़ लेती है

हक़ीक़त ज़िद किये बैठी है चकनाचूर करने की
मगर हर आँख फिर सपना सुहाना ढूँढ़ लेती है

उठाती है जो ख़तरा हर क़दम पर डूब जाने का
वही कोशिश समन्दर में ख़ज़ाना ढूँढ़ लेती है

न चिड़िया की कमाई है न कारोबार है कोई
वो केवल हौसले से आबोदाना ढूँढ़ लेती है

जुनूँ मंज़िल का राहों में बचाता है भटकने से
मेरी दीवानगी अपना ठिकाना ढूँढ़ लेती है

2

मुफ़लिस की जवानी के लिए सोचता है कौन
अब आँख के पानी के लिए सोचता है कौन

प्यास अपनी बुझाने में हैं मसरूफ़ सभी लोग
दरिया की रवानी के लिए सोचता है कौन

मिट्टी के खिलौनों पे फ़िदा होती है दुनिया
मिट्टी की कहानी के लिए सोचता है कौन

बेताब नयी नस्ल है पहचान को अपनी
पुरखों की निशानी के लिए सोचता है कौन

सब अपने लिए करते हैं लफ़्ज़ों की तिजारत
लफ़्ज़ों के मआनी के लिए सोचता है कौन

योगेन्द्र दत्त शर्मा

इस शहर के सुर्ख़ नज़ारों में, एक ज़र्द-सा क़स्बा याद आया
दिन-रात के मस्त उजालों में, एक शाम का चेहरा याद आया

इस जद्दोजहद, हंगामे में, सब प्यार-मुहब्बत भूले थे
घर छोड़ते वक़्त का, वो तेरा छूटा हुआ जुमला याद आया

तक़दीर है क्या, तदबीर है क्या, यह एक क़शमकश साथ चली
दरिया की उफनती लहरों में, एक ऊँघता सहरा याद आया

सदियों की कला, सदियों का हुनर, सदियों के निशाँ, सदियों का सफ़र
फिर भी इस दौर की हलचल में, बग़दाद का नक़्शा याद आया

गंगा का नमन, जमुना की छुअन, ग़ालिब की ग़ज़ल, मीरा के भजन
एक सब्ज़-सी बस्ती में अक्सर एक टूटता पत्ता याद आया

वो शान, वो शोहरत, वो रौनक़, वो भीड़, वो यारों की महफ़िल
कल रात जो देखा आईना, एक पेड़ वो तनहा याद आया

ईमान, वफ़ा, क़स्में, वादे, अहसास, वो नर्म फ़रेबों के
जज़्बात के उजड़े गुलशन में, एक प्यासा परिन्दा याद आया

संजय मासूम

जिसे देखो वही प्यासा खड़ा है
हमारा शहर है या कर बला है

चलें कैसे, बचें कैसे बताओ
यहाँ जब हर क़दम पर हादसा है

वो सूखा पेड़ है पर काटना मत
परिन्दों का उसी पर घोंसला है

मैं उसके सामने हरगिज़ न जाता
पता होता अगर वो आईना है

शहर में हो गया तब्दील शायद
यहाँ इक गाँव था जो लापता है

जिसे 'मासूम' तुम कहते हो जीवन
ग़मों का एक लम्बा सिलसिला है

2

बहुत ही तल्ख़ है मेरी ज़ुबान ये सच है
मैं साफ़गो हूँ बहुत मेहरबान ये सच है

ये और बात है हम धूप से नहीं हारे
कहीं नहीं था कोई सायबान ये सच है

भरम भले हो कि धरती से मिल रहा है गले
झुका नहीं है कहीं आसमान ये सच है

जोश था, मौसम भी ठीक था फिर भी
ख़्वाब ही रह गयी मेरी उड़ान ये सच है

पेड़ ख़ुद खा गये फल पी गयी नदी पानी
ये है हमारी सदी का बयान ये सच है

प्रताप सोमवंशी

जब कहानी में लिखा किरदार छोटा पड़ गया।
वो बड़ा इतना था कि अख़बार छोटा पड़ गया।।

सादगी का नूर चेहरे से टपकता है हूजूर।
मैने देखा जौहरी बाजार छोटा पड़ गया।।

मुस्कुराहट ले के आया था वो सबके वास्ते।
इतनी खुशियाँ आ गईं घर-बार छोटा पड़ गया।।

दर्जनों किस्से-कहानी खुद ही चलकर आ गए।
उससे जब भी मैं मिला इतवार छोटा पड़ गया।।

एक भरोसा ही मेरा मुझसे सदा लड़ता रहा।
हाँ ये सच है उससे मैं हर बार छोटा पड़ गया।।

उसने तो अहसास के बदले में सबकुछ दे दिया।
फायदे नुकसान का व्यापार छोटा पड़ गया।।

घर में कमरे बढ़ गए लेकिन जगह सब खो गई।
बिल्डिगें ऊँची हुई और प्यार छोटा पड़ गया।।

गाँव का बिछड़ा कोई रिश्ता शहर में जब मिला।
रूपया, डालर हो कि दीनार छोटा पड़ गया।।

मेरे सिर पर हाथ रखकर मुश्किलें सब ले गया।
एक दुआ के सामने हर वार छोटा पड़ गया।।

चाहतों की उंगलियों ने उसका कान्धा छू लिया।
सोने, चाँदी, मोतियों का हार छोटा पड़ गया।।

आलोक श्रीवास्तव

तुम सोच रहे हो बस, बादल की उड़ानों तक
मेरी तो निगाहे हैं, सूरज के ठिकानों तक

टूटे हुए ख़्वाबों की इक लम्बी कहानी है
शीशे की हवेली से, पत्थर के मकानों तक

दिल आम नहीं करता, एहसास की ख़ुशबू को
बेकार ही लाये हम चाहत को ज़ुबानों तक

लोबान का सौंधापन, चन्दन की महक में है
मन्दिर का तरन्नुम है, मस्जिद की अज़ानों तक

इक ऐसी अदालत है, जो रूह परखती है
महदूद नहीं रहती वो सिर्फ़ बयानों तक

हर वक़्त फ़िज़ाओं में, महसूस करोगे तुम
मैं प्यार की ख़ुशबू हूँ, महकूँगा ज़मानों तक

2

अब तो ख़ुशी के नाम पे कुछ भी नहीं रहा
आसूदगी[1] के नाम पे कुछ भी नहीं रहा

सब लोग जी रहे हैं मशीनों के दौर में
अब आदमी के नाम पे कुछ भी नहीं रहा

आई थी बाढ़ गाँव में, क्या-क्या न ले गयी
अब तो किसी के नाम पे कुछ भी नहीं रहा

घर के बुज़ुर्ग लोगों की आँखें ही बुझ गयीं
अब रोशनी के नाम पे कुछ भी नहीं रहा

आये थे मीर ख़्वाब में कल डाँटकर गये
'क्या शाइरी के नाम पे कुछ भी नहीं रहा?'

1. तृप्ति

पवन कुमार

रात अकेली चाँद सुहाना, धुँधला-धुँधला मद्धम-मद्धम
दरिया में है किसका फ़साना, धुँधला-धुँधला मद्धम-मद्धम

ओस सिरहाने, फूल लबों पर, चाँद का हाला हाथों में
याद है मुझको वो अफ़साना, धुँधला-धुँधला मद्धम-मद्धम

कह ना देना, सुन न सकेंगे, याद उन्हें है शायद कुछ-कुछ
मेरी कहानी, मेरा फ़साना, धुँधला-धुँधला मद्धम-मद्धम

आँख के मोती बाँध दिये हैं, फिर भी लबों पर तारी है
मेरी उदासी मेरा तराना, धुँधला-धुँधला मद्धम-मद्धम

राह चले थे जो दुखियारे, वो सब रस्ता भूल गये
याद रहा बस नाम ठिकाना, धुँधला-धुँधला मद्धम-मद्धम

दिल के सागर में तस्वीरें, यारों कब की ग़र्क़ हुई
दर्द ने छेड़ा राग पुराना, धुँधला-धुँधला मद्धम-मद्धम

2

वो बात बात पर कैसी दुहाई देता है
न पूछो कुछ भी मगर वो सफ़ाई देता है

हवाएँ चारों पहर सनसनाती रहती हैं
मुझे बताओ कि ये क्या सुनाई देता है

वो रात जिसके तसव्वुर में कोई ख़्वाब नहीं
ये कौन चीखता है क्या दुहाई देता है

ये कौन जाता है मुझसे निकल के पिछले पहर
सुख़न से छीन के अपनी कमाई देता है

कभी वो मुझसे भी करता है बात मिलने की
कभी वो अपने ज़ेहन में रसाई देता है

मेरी बयाज[1] में ढूँढ़ों कि कुछ सुराग़ मिले
सुनाई देता है न वो दिखाई देता है

मैं ख़्वाब-ख़्वाब उसे ढूँढ़ता रहा हूँ सदा
मुझे वहम है वो मुझको दिखाई देता है

1. डायरी

विनय मिश्र

तुझे कुछ इस तरह भी एक दिन महसूस करना था
किसी सूखी नदी पर काँपते पुल से गुज़रना था

मरुस्थल है कोई मुझमें जो ये आवाज़ देता है
वहाँ पर रेत उड़ती है जहाँ पानी उतरना था

सुनाऊँ क्या सियासत एक वो अश्लील क़िस्सा है
जिसे कहते हुए हालात के जूतों से डरना था

अकेला हो गया इतना कि इस दुनिया में जीने को
अगर मरना था तो ज़िन्दादिली के संग मरना था

वही ग़लती वही आदत वही बातें हमेशा ही
हमारे दिल में रहती है जिन्हें थोड़ा सँवरना था

उठाने में लगे हैं सिर्फ़ दीवारें ही दीवारें
जिन्हें सपना किसी छत का यहाँ साकार करना था

कहीं कोई पराजय प्यास की होती नहीं चलकर
उदासी के सफ़र में ज़िन्दगी का एक झरना था

प्रेम किरण

अब के मायूस ही लौटा है खिलौने वाला
एक बच्चा न मिला गाँव में रोने वाला

कम से कम क़त्ल का मंज़र तो न देखा उसने
जागने वालों से अच्छा रहा सोने वाला

माँ के आँचल पे हैं बच्चों के लहू के छींटे
कोई आँसू नहीं इस दाग़ को धोने वाला

हम तो आराम से पत्थर पे भी सो जाते हैं
गोलियाँ नींद की खाता है बिछौने वाला

ये क़लम, ये किताबें, ये समाज और कुम्बा
है तेरी तरह कोई बोझ को ढोने वाला

जुस्तजू फूलों को कैसे न 'किरन' की होती
वो था पैराहने-मौसम को भिगोने वाला

विकास शर्मा 'राज़'

कोई उसके बराबर हो गया है
ये सुनते ही वो पत्थर हो गया है

जुदाई का हमें इमकान[1] तो था
मगर अब दिन मुक़र्रर[2] हो गया है

सभी हैरत से मुझको तक रहे हैं
ये क्या तहरीर[3] मुझ पर हो गया है

असर है ये हमारी दस्तकों का
जहाँ दीवार थी दर[4] हो गया है

बहुत ख़ुश हूँ उसे बेचैन करके
हिसाब उससे बराबर हो गया है

जिसे देखो ग़ज़ल पहने हुए है
बहुत सस्ता ये ज़ेवर हो गया है

1. सम्भावना, 2. निश्चित, 3. अंकित, 4. द्वार